Jay McInerney est né en 1955 à Hartford (Connecticut) ; il vit à New York. Il travaille d'abord au *New Yorker* et lit des manuscrits pour Random House. À l'instigation de Raymond Carver, il quitte New York et sa vie nocturne pour l'université de Syracuse, où il écrit *It's Six AM Do You Know Where You Are?* D'abord publiée dans la *Paris Review*, cette nouvelle deviendra le premier chapitre de son premier roman, *Bright Lights, Big City*, qui obtient un énorme succès dès sa parution en 1984. *Toute ma vie* n'obtient pas le même succès, ce qui l'oblige à se remettre en question. Il lui faudra cinq ans pour écrire *Trente ans et des poussières*, qui est à la fois une comédie crépitante à la Tom Wolfe et une tragédie fitzgeraldienne. Une fois de plus, la critique est enthousiaste. *Le Dernier des Savage* traverse les années 1970 dans une Amérique où s'affrontent l'Ancien et le Nouveau, la justice et la liberté, le sens de l'honneur et la tentation de la trahison. Avec *Glamour Attitude*, Jay McInerney affirme ses talents de chroniqueur brillant et inspiré d'une époque, en l'occurrence les années 1990, dont il dénonce les tares et les bassesses avec une sorte de jubilation féroce. Dans *La Belle Vie*, le couple de *Trente ans et des poussières* est confronté à l'onde de choc de l'après-11 Septembre.

DU MÊME AUTEUR

Journal d'un oiseau de nuit
Mazarine, 1986
et « Le Livre de poche », nº 6374
réédité sous le titre
Bright Lights, Big City
Éditions de l'Olivier, 1997
et « Points », Signatures, nºP1924

Ransom
Payot, 1988
et « Le Livre de poche », nº 3383

Trente Ans et des poussières
Éditions de l'Olivier, 1993
et « Points », nº P149

Le Dernier des Savage
Éditions de l'Olivier, 1997
et « Points », nº P610

Glamour Attitude
Éditions de l'Olivier, 1999
et « Points », nº P752

La Fin de tout
nouvelles
Éditions de l'Olivier, 2003
et « Points », nº P1262

La Belle Vie
Éditions de l'Olivier, 2007
et « Points », nº P1902

Moi tout craché
Éditions de l'Olivier, 2009
et « Points », nº P2489

Jay McInerney

TOUTE MA VIE

ROMAN

Traduit de l'anglais (États-Unis)
par Jean-Pierre Carasso

Éditions de l'Olivier

La première édition de ce titre a été publiée aux Éditions Payot en 1989.

TEXTE INTÉGRAL

TITRE ORIGINAL
Story of my Life

ISBN 978-2-7578-2004-9

Pour Gary

1

Retrouvez l'enfant

Qu'est-ce que vous voulez que je vous dise, tout ça c'est quand même un merdier pas croyable.

J'en veux à mort à mon père qui est quelque part dans les îles Vierges, je sais même pas où. Y avait pas de chèque dans la boîte aujourd'hui, ce qui fait que je pourrai pas aller au cours lundi matin. Papa me raque par mois parce qu'il estime que comédienne c'est qu'un caprice hyper-mince et que j'arrête pas de changer d'avis – un mec qui s'est marié cinq fois –, alors comme ça si je laisse tomber au milieu du semestre y risque pas d'avoir payé pour rien. Seulement Tanya, sa nouvelle petite camarade de jeu, qui a un an de moins que moi, il lui paye une 450 SL décapotable – on a toujours été du côté des jeunes, pas vrai, papa ? – et un appart pour qu'elle puisse se sentir chez elle quand elle écrit. Une nana je me demande si elle sait lire. Et lui il la croit vraiment quand elle dit qu'elle écrit un roman mais quand je suis prête à me casser le cul huit heures par jour chez Lee Strasberg ça donne, *encore une folie d'Alison*. C'est toute ma vie, ça. Mon père a cinquante-deux balais et dans les douze ans d'âge mental. Et puis y a Skip Pendleton, et ça aussi ça me colle les boules.

Bref je suis au téléphone en train d'engueuler la secrétaire de mon père quand on appelle sur l'autre ligne. Allô je fais, et t'as un mec, salut, qui se présente par son nom je sais plus quoi, et qui me dit je suis un ami de Skip et alors ? Et il dit si on sortait ensemble je me disais un de ces jours.

Et moi je suis quoi – 36 15 code Amanda ?

Skip Pendleton c'est un con qui a bien dû m'exciter trois minutes de suite y a déjà un bout de temps. Dans les trois semaines qu'il a pas appelé ça ça va, rien à dire, je m'en passe, mais est-ce que je suis d'un seul coup un sac de billes pour faire des échanges avec les copains ? Lâche-moi tu veux. Alors j'attaque le mec qu'est-ce qui vous fait croire que j'ai envie de sortir avec vous je vous connais même pas ? Et lui, Skip m'a parlé de vous. Ben voyons. Du coup je réponds, qu'est-ce qu'il vous a dit ? et le mec pas gêné – Skip dit que vous en voulez. Alors là je dis, super, c'est un grand honneur que l'admirable Skip Pendleton croie que j'en veux. C'est bien simple j'ai le chili con carne à mort dans l'attente d'un client, chéri. Non, non, je te jure.

Et ce mec me dit, on zonait chez Skip vers les cinq heures du mat l'autre soir complètement pétés et j'ai dit – c'est le mec qui parle – si seulement y avait des nanas et Skip y fait, je pourrais toujours appeler Alison elle rappliquerait en moins de deux.

Il a dit ça ? je dis. Je l'entends d'ici, avec exactitude, le ton de sa voix, c'est pas que j'en sois effarée, mais j'ai quand même du mal à croire que même lui puisse être aussi dégueulasse et j'ai l'impression d'être devenue la dernière des poufiasses d'un seul coup et j'ai envie d'engueuler ce connard mais je préfère lui dire, vous m'appelez d'où ? La quatre-vingt-neuvième rue Ouest, évidemment, alors je lui refile une adresse dans l'Avenue C, un trou à rats où une copine créchait l'année dernière jusqu'à son dix-septième cambriolage et qui est à peu près aussi loin de l'Upper West Side qu'on puisse aller sans sortir de Manhattan, et je lui dis de m'y retrouver dans une heure ce qui me laisse au moins la satisfaction de penser qu'il raquera dans les vingt dollars de tacot et poireautera devant l'entrée de ce taudis avec une chance de se faire taper par des petits dealers. Mais celui à qui j'en veux vraiment c'est Skip Pendleton. Rien de ce que fait mon père ne peut plus me surprendre. J'ai vingt ans, mais pour le mental je grisonne déjà.

Skip a trente et un ans et il est superintelligent et supercultivé – z'avez qu'à lui demander, il vous le dira tout de suite. À ses yeux ce mec c'est une légende. J'aurais pas oublié d'ajouter qu'il est tellement, mais alors tellement mûr ? Pas comme moi. Il n'arrêtait pas de me dire que je ne sais rien de rien. Mais je vais vous dire une chose que je ne sais pas justement – je ne sais pas ce que j'ai bien pu lui trouver. L'âge, le raffinement, et puis on baisait très bien, alors pourquoi pas ? Je l'ai connu en boîte, naturellement. Je ne l'ai jamais trouvé beau beau beau, mais on voyait bien que son avis à lui était différent. Il le croyait tellement qu'il aurait fini par vendre l'idée à n'importe qui. Il possède cette assurance dont on voudrait tous avoir un petit peu. Le genre de cheveux blonds qui donne l'impression qu'il va chez le coiffeur trois fois par jour. Bien sapé, chemises sur mesure de Jermyn Street, ça se trouve comme il pourrait très bien vous le dire un de ces soirs d'un ton détaché au cas où vous le sauriez pas à Londres, en Angleterre. (Mais c'est en Europe ça, dis donc, de l'autre côté de l'Atlantique – eh bien, Skip, ça alors !) A fréquenté les bonnes écoles et il est riche, bien sûr, il a sa propre société. Agent de change. C'est toute sa vie ça, vendre et acheter, Skip, et donner le change aussi.

Bref au départ, le mec, y manque rien au tableau. Une vraie personnalité d'enfer, à faire la pub pour le whisky, j'en reviens pas qu'on lui ait pas encore demandé d'ailleurs. Mais lâché au soleil ce matin-là, il était grave – une loque.

Dès le premier soir, penché sur le petit cadre d'argent avec un billet de cinquante dollars roulé dans un naseau, tout ce qu'il trouvait à raconter c'était son ex, et comment si seulement il avait pu la récupérer il aurait laissé béton tout ça pour toujours – la coke, les nuits blanches, et les craquettes dans mon genre. Et je me dis, le pauvre, il vient de perdre sa petite camarade de jeu, vraiment apitoyée et tout, au point de me lancer, quand est-ce arrivé, Skip ? et pour apprendre que ça remonte à dix ans ! Il a vécu avec cette gonzesse pendant quatre ans à Harvard et après qu'ils sont venus à New York ensemble elle l'a jeté. Alors moi je lui balance, lâche-moi Skip, tu veux. Là, t'es grave. On est dix ans plus tard. On est en mille neuf cent quatre-vingt je sais plus combien.

C'est qu'il est tellement calé Skip, hein ? Mes parents se sont toujours contrefoutus que j'aille en classe ou pas, ils étaient toujours entre deux amants, deux maîtresses, deux whiskies, et nous les gosses, ils nous laissaient avec les bagnoles et les cartes de crédit. Alors des études j'en ai pas fait lourd. Et ce serait ma faute ? Enfin quoi, si quelqu'un vous avait dit à ce moment-là que vous aviez le choix d'aller à l'école ou pas, qu'est-ce que vous auriez fait d'après vous ? Je reprendrais bien un peu de trigonométrie, s'il vous plaît. D'ac. Bref, je suis pas aussi cultivée que le grand Skip Pendleton mais permettez-moi de vous dire que je sais que quand on fait un plan drague à quelqu'un on passe pas toute la soirée à pleurnicher sur son ex, surtout quand ça fait dans les dix ans qu'elle s'est tirée. Pas la peine d'être docteur en psycho pour comprendre pourquoi Skip est incapable de sortir avec une fille de son âge. Il n'arrête pas de chercher Diana, la belle, la parfaite Diana, qui avait vingt et un ans quand elle a dit sayonara. Et s'il en a après nous, les petites jeunes, c'est qu'on est comme était Diana au bon vieux temps. Et il nous déteste parce qu'on n'est pas Diana et il croit qu'il se sentira mieux s'il nous embrouille pour nous faire souffrir comme il a souffert, parce que voilà toute l'histoire si vous me demandez mon avis – on est tous sur terre à faire des plans avec nos souffrances, cherchant à les refiler aux autres pour nous venger. C'est la chaîne du malheur.

Le Skip arrêtait pas de me dire que j'étais con. Ça t'arrangerait hein, Gaston. Ce qu'il y a de fendart c'est que con c'est son type. Il veut personne qui risque de voir clair dans son jeu, alors il drague les nanas dans mon genre. Des nanas dont il pense qu'elles croiront tout ce qu'il raconte et baiseront avec lui le premier soir sans trop s'étonner qu'il se repointe plus jamais. Si t'es si fortiche, Skip, comment se fait-il que tu saches pas tout ça ? Si t'es tellement mûr, qu'est-ce que tu glandais avec moi ?

Les hommes. J'en ai pas rencontré un. Tous des mômes. Ah, si seulement j'avais pas tellement envie d'eux. J'ai rêvassé deux trois fois de me mettre aux nanas, mais c'est du niveau – évidemment, la Norvège, un de ces jours, pourquoi pas ? Jeannie partage l'appart avec moi et on dort dans le même lit et c'est génial. C'est un deux-pièces et comme ça le living est toujours libre pour les fêtes et le reste. Je déteste être seule, mais quand je me réveille dans le lit d'un type avec du foutre séché plein les draps et lui qui ronfle comme une benne à ordure, je balance, oublie-moi je me casse. Je me glisse à bas du page en douce, je rampe en tâtonnant pour ramasser mes fringues, démêler son blue-jean du mien, mon soutien-gorge de son slip – Skip, lui c'est le caleçon évidemment – sans faire de bruit, et hop, la porte et direction la maison, où Jeannie m'a réchauffé le lit toute la nuit. Je saute entre les toiles, elle se réveille, et je veux des détails, Alison, elle me fait – en long et en large.

Jeannie je l'adore. Elle me fait craquer. Elle est rédactrice stagiaire dans un magazine de mode mais elle n'a qu'un seul vrai désir, se marier. C'est peut-être la solution pour elle mais personnellement j'y crois pas. Mes parents totalisent sept mariages à eux deux et chaque fois que je reste avec un type plus de quelques semaines, je me retrouve occupée à zieuter par la fenêtre pendant qu'on baise.

J'appelle ma copine Didi pour voir si elle peut m'avancer la thune. Le père de Didi est riche et lui balance des mensualités énormes, mais elle claque tout en coke. Avant elle s'achetait des fringues mais maintenant elle porte la même tenue des quatre et cinq jours de suite, et c'est grave, je peux vous le dire. De temps en temps faut qu'on lui envoie l'Hygiène pour ouvrir les fenêtres de son appart et brûler les draps.

J'ai le répondeur de Didi, ça veut dire qu'elle est pas là. Quand elle est là elle débranche le téléphone et quand elle est pas là elle fout le répondeur. Dans les deux cas il est à peu près impossible de la joindre. Elle dort d'environ midi jusqu'à neuf heures du soir plus ou moins. Si on lui demandait la liste de ce qu'elle préfère, je crois que la coke serait numéro un du Top 50 et que la lumière du soleil n'apparaîtrait même pas.

Mes copines et moi on passe la moitié de notre vie à se laisser des messages. Heureusement je connais le code du répondeur de Didi et je peux refaire son numéro pour écouter ses messages, des fois que ça me permettrait de déduire où elle est. D'accord, peut-être que c'est seulement parce que je suis fouineuse.

Le premier message est de Wick et au ton de sa voix je peux dire qu'il est en train de draguer Didi, ce qui me laisse baba dans la mesure où Wick est avec Jeannie depuis très longtemps. Sauf que Didi est la moins intéressée par la baise de tous les gens que je connais, alors je suis pas vraiment sûre. Peut-être que Wick en est au tout début de son plan. Un message de sa mère – appelle-moi, chérie, je suis à Aspen. Ensuite Émile, pour dire qu'il veut ses trois cent cinquante dollars sinon. Et c'est là que moi je me dis – qu'est-ce qui me prend, je suis dingue ou quoi ? Je lui tirerai jamais un centime à Didi. Et si jamais j'essayais, elle me baratinerait aussitôt pour que je vienne sniffer avec elle et j'essaie justement d'éviter. Je vais pour raccrocher quand on m'appelle sur l'autre ligne. C'est l'école pour me dire que j'ai pas encore payé et que je ne pourrai plus assister au cours avant que ce soit fait. Et pourquoi vous croyez que je m'agite comme ça depuis vingt-quatre heures, hein ? On est samedi après-midi. Jeannie va pas tarder à rentrer et ce sera râpé.

Ça commence vraiment à me prendre la tête. On pourrait dire que l'engin est pas franchement heureux. Jouer la comédie, c'est la première chose que j'ai vraiment envie de faire. Sauf le cheval. Quand j'étais petite je passais le plus clair de mon temps à cheval. Je parcourais le pays, d'expositions en concours hippiques jusqu'à la mort subite de Dangerous Dan. J'aimais Dan plus que je n'ai aimé depuis la totalité des créatures vivantes, alors ce fut pour moi la fin des chevaux. En gros, c'est ce qui se passe chaque fois qu'on aime quelque chose. Le problème c'est, impossible de se débarrasser des merdes dont on n'a rien à foutre. Prenez cette robe à crinoline qui me suit d'appart en appart depuis des années, mais chaque fois que je trouve quelque chose que j'adore vraiment, une de mes sœurs ou de mes copines disparaît avec le lendemain. En fait, on échange toutes nos fringues et je ne connais quasiment personne qui songerait à partir de chez moi sans emporter quelque chose dans l'idée de l'emprunter ou de le chourer, et si c'était que les fringues, ça pourrait aller, mais c'est une autre paire de manches.

Enfin bref, après les chevaux, je me suis mise à la came. Mais jouer la comédie, je sais pas, j'adore ça, quoi. S'amener, et se retourner comme un gant. Être quelqu'un d'autre pour une fois. C'est comme redevenir enfant, jouer à quelque chose, à faire semblant, rire et chialer dans tous les coins. Aussi loin que remontent mes souvenirs les gens ont essayé de me faire maîtriser mes émotions mais compte là-dessus, tiens – je suis du genre émotif, voilà. Mon prof de tragédie a un truc génial qu'il dit toujours – retrouvez l'enfant en vous, c'est-à-dire la partie non censurée, au plus vif de soi-même. Jouer la comédie, ça consiste à être fidèle à la vérité de ses sentiments, et c'est ça qui est génial puisqu'on dirait bien que la vraie vie consiste à mentir et à être hypocrite.

Jouer la comédie c'est le premier truc qui ait réussi à me faire lever le matin. Ma première année à New York j'ai fait que la coke et les mecs. La nuit entière au Surf Club et au Zoulou, les réveils à cinq plombes de l'après-midi avec les sinus bouchés et les cheveux collés. Une glue blanche d'un genre ou d'un autre à tous les orifices. Toute ma vie, ça. Mes copines sont encore plutôt là-dedans et c'est pour ça que je voudrais tellement avoir ce chèque, parce que sinon je n'aurai pas de raison de me lever tôt lundi matin et Jeannie rentrera et quelqu'un s'amènera et avant de savoir comment je me retrouverai trois jours plus tard sans avoir dormi, la cervelle sur orbite et les naseaux écartelés. Je rappelle la secrétaire de mon père et elle dit qu'elle essaie toujours de le joindre.

Je décide de faire une partie de mes devoirs en attendant le retour de Jeannie – mon exercice de mémoire des sens. Me demandez pas pourquoi, puisque je pourrai pas aller au cours. Mais ça me calme. Je m'assieds sur la chaise longue et je me détends, je me vide l'esprit de toute la merde. Puis je me mets à imaginer une orange. J'essaye de la voir devant moi. Je la prends en main. Une grosse ronde veinée de rouille, comme celles qu'on a en Floride, où on les cueille directement sur l'arbre. (Les Sunset impeccables qu'on achète au Safeway sont cirées au cyanure ou une merde de ce genre alors on imagine le bien qu'elles peuvent faire.) Et puis je me mets à l'éplucher vraiment lentement, sentant l'odeur des petits geysers que vaporise la peau écrasée, sentant le jus qui me pique là où j'ai rongé avec mes dents les petites peaux autour de mes ongles…

Alors bien sûr le téléphone sonne. Une voix de type, Barry quelque chose, dit, pourrais-je parler à Alison Poole ?

Et moi, c'est ce que vous faites.

Je suis un ami de Skip, dit-il.

Je fais, si c'est une blague, ça m'amuse pas vraiment.

Eh, non, sans blague, il fait. C'est seulement, vous savez, Skip m'a dit que vous sortiez plus ensemble tous les deux et je vous ai vue une fois à Indochine, et je me suis dit qu'on pourrait dîner ensemble un de ces quatre.

Non mais c'est pas vrai. Moi, je suis quoi ? – S.O.S. Treize à Table ?

Je fais, Skip t'a parlé aussi de la maladie qu'il m'a refilée ? Ça a vite fait de lui rétrécir son bazar au Barry. Brusquement voilà qu'on l'appelle sur son autre ligne. Ben voyons.

C'est vrai – ça a été le petit cadeau d'adieu de Skip. Le lendemain de la dernière nuit que j'ai couché avec lui j'avais vraiment mal et ça me grattait et ensuite j'ai eu cette drôle d'éruption alors j'ai fini par aller voir ma gynéco qui m'a fait la leçon pendant une heure sur le SIDA – Oin-oin-oin – et puis m'a dit que l'éruption était un truc sexuellement transmis qui ne me tuerait pas mais qu'il fallait que je prenne des antibiotiques pendant deux semaines en m'abstenant de tout rapport. J'ai fait, deux semaines, vous me prenez pour la Vierge Marie ? Et elle, je suis votre gynécologue et crois connaître vos habitudes suffisamment pour savoir le sacrifice que ça représente pour vous, Alison. Et elle a embrayé sur son refrain pourquoi ne pas leur faire mettre de capote et moi je lui ai balancé, pour la même raison que je ne baise pas toute habillée, y a rien de mieux que peau contre peau. J'aime le contact, vu ? Donnez-moi le contact direct et je vous laisse l'amour fou.

D'ailleurs je ne l'ai jamais dit à Skip, je ne sais pas pourquoi, sans doute que je ne veux plus lui parler tout simplement, à ce salaud.

Bon, alors j'en grille une en feuilletant mon *Actor's Scene Book*, histoire d'y chercher un monologue, il m'en faut un pour la semaine prochaine mais j'ai rien trouvé qui me plaise, je me mets à feuilleter les autres parties, Monologues pour hommes, Scènes pour deux femmes – non merci –, Scènes pour un homme et une femme. Ce qu'on peut faire de pire.

Le téléphone sonne de nouveau et c'est Didi. Incroyable ! En direct – en personne, pour ainsi dire – et dehors il fait grand jour.

Je sors de chez mon oto-rhino, elle fait. Il était horrifié. Il a dit que si je voulais vraiment continuer la coke je devrais me piquer, comme ça les dégâts deviendraient la responsabilité d'un autre toubib.

Qu'est-ce qu'il y a entre Wick et toi ? je dis.

Alors elle, je sais pas, je suis rentrée avec lui il y a deux semaines, je me suis réveillée dans son lit. Je ne suis même pas sûre qu'on ait fait quoi que ce soit. Mais il en a après mon cul ça ne fait aucun doute. Et entre-temps voilà que j'ai un retard. Alors peut-être qu'après tout il s'est passé quelque chose.

Didi a un autre appel. Pendant qu'elle le prend, je réfléchis. Les rouages s'enclenchent – engrenages dans engrenages. Didi se ramène pour me dire que c'est sa mère qui se paie une grosse déprime elle me rappellera. Aucun problème je lui dis. Elle m'a déjà donné un sacré coup de main.

J'attrape Skip à son bureau. Il a pas l'air vraiment enthousiaste d'avoir de mes nouvelles. Il dit qu'il est en réunion est-ce qu'il peut me rappeler ?

Je dis non il faut que je lui parle tout de suite.

Qu'est-ce qui se passe ?

Et moi du tac au tac, je suis enceinte.

Silence total.

Sans lui laisser le temps de demander je lui dis que je n'ai couché avec personne d'autre depuis six semaines. Ce qui est la pure vérité, presque. Boum, refermée, la petite issue de secours dans son esprit. Au cul la vieille, c'est le printemps.

Il fait, t'es sûre ? On dirait qu'il vient d'avaler une poignée de sable.

J'en suis sûre, je dis.

Alors lui, qu'est-ce que tu veux faire ?

Ce qu'il y a avec Skip c'est que même si c'est un sale con c'est un gentleman. À vrai dire, un tas de sales cons de ma connaissance sont des gentlemen. Ou vice versa. Des têtes de nœud à blason avec un sens de l'honneur de lycéens.

Quand je dis que j'ai besoin d'argent il demande combien.

Mille, je dis. Je n'arrive pas à croire que je lui demande autant, je pensais cinq cents y a pas une minute, mais le son de sa voix m'a mise en boule.

Il demande si je veux qu'il m'accompagne et je dis non, certainement pas. Alors il essaie de me la jouer au je ferai directement le chèque pour la clinique et je dis, Skip, lâche-moi, tu veux ? Il me faut cinq cents dollars en liquide pour prendre rendez-vous et je ne vais quand même pas attendre six jours ouvrables pour leur connerie de date de valeur, vu ? Je me défonce pour jouer la comédie. Mon prof serait fier.

Deux heures plus tard un coursier arrive avec la thune en liquide. Je lui refile un pourboire de dix sacs.

Samedi soir, Jeannie et Didi sortent ensemble. Didi s'amène, elle porte l'horrible T-shirt de surf qu'elle a eu toute la semaine et ses cheveux blonds coiffés à la rasta. Vraiment grave. Mais elle reste incroyablement belle même au bout de quatre jours sans sommeil, et les mecs se ridiculisent complètement en essayant de la draguer. Sa mère était modèle, mais alors vraiment top, dans les années cinquante, suédoise. Didi devait d'ailleurs être la fille Revlon ou un truc dans ce goût-là mais elle réussit jamais à se lever pour la séance de photos.

Jeannie porte mon pull de cachemire noir, deux bons mètres de perlouses, un jean et des pompes Maud Frizon.

De quoi j'ai l'air ? elle fait, en vérifiant dans le miroir.

Terrible, je dis. T'auras de la veine si t'abordes l'heure des cocktails sans te faire violer.

On viole pas les consentantes, dit Jeannie, et c'est ce que nous disons toujours. Elles essaient de m'entraîner, mais je fais ma scène pour le cours de lundi matin. Elles ont du mal à le croire. Elles disent que ça durera pas. Je proteste, c'est ma vie tout de même, j'essaie d'en faire quelque chose de constructif, tu vois ? Jeannie et Didi ont jamais rien entendu d'aussi fendart on dirait. Elles font leur truc d'enfant de chœur, les mains jointes comme pour prier en murmurant « la grâce divine », c'est ce qu'on fait dès que quelqu'un nous bassine avec la religion. Ensuite, pour me la jouer sales connes jusqu'au bout, elles chantent : *Alison, nous savons que ce monde te tue*, etc., ce qui est pour ainsi dire mon hymne quand je fais chier.

Alors moi :

They say you're nothing but party girls
Just like a million more all over the world.

Elles craquent. On adore toutes Costello.

Quand elles se décident enfin à se tirer, j'ouvre mon script mais j'ai du mal à me concentrer, la pièce c'est : *Le deuil sied à Électre*, alors j'appelle ma petite sœur à la maison. Évidemment ça sonne occupé. Et ils n'ont pas de mise en attente. Alors je sonne l'opératrice et j'exige une intervention d'urgence sur la ligne. J'écoute ce que ça donne. J'entends la voix de Carol et puis l'opératrice dit qu'il y a un appel d'urgence de Vanna White à New York. Tout de suite Carol dit Alison, de cette voix de gorge, cette voix d'adulte qu'elle a alors qu'elle a trois ans de moins que moi.

Quoi de neuf ? je fais quand elle s'est débarrassée de l'autre appel.

Rien que du vieux, elle dit. Maman est bourrée. Ma bagnole est au garage. Mickey est en liberté sous caution et il est bourré, lui aussi.

Dis-donc, tu sais où est papa ? je fais et elle dit, dans les îles Vierges, la dernière fois que j'en ai entendu parler, peut-être Sainte Croix mais elle n'a pas le numéro non plus. Alors je lui raconte mon truc pour l'école et puis peut-être parce que je suis pas à l'aise à l'aise je lui raconte Skip, sauf que je dis cinq cents dollars au lieu de mille, et elle dit qu'à m'entendre on dirait qu'il l'a bien mérité. C'est un tel salaud, je fais, et Carol dit, oui, on dirait exactement papa.

Et moi, oui, exactement.

Jeannie rentre dimanche matin à neuf heures. Une épave parcourue de frissons. Pour une fois je viens de me réveiller au lieu d'être en train de m'endormir. Je lui refile un valium et je la couche. Ça a quelque chose de méritoire d'être sur l'autre versant de toute l'affaire pour une fois – comme l'impression d'être toubib ou un truc dans ce goût-là.

Elle est allongée toute raide comme un mannequin dans le lit et elle dit, j'ai tellement peur, Alison. Elle fonctionne pas dans la joie.

On en est tous là, je fais.

Il lui faut pas une demi-heure pour se mettre à produire ces horribles bruits de tronçonneuse du sommeil.

Grâce à Skip, lundi matin je suis au cours où j'ai danse et voix. Payé la note en liquide. J'ai vraiment la pêche, maintenant. La grande forme. Dans l'après-midi j'ai art dramatique. On commence par des exercices de mémoire des sens. Je suis assise en classe et le prof me dit que je suis à la plage. Il veut que je voie le sable et l'eau et que je sente le soleil sur ma peau nue. Que j'entende le ballon de volley me siffler aux oreilles. Aucun problème. D'abord que je me dégage. Ça fait partie de l'exercice. Tout autour de moi les autres font de drôles de bruits, s'étirent, s'éclatent en se préparant à leurs propres exercices. Il y en a je te jure, alors que c'est censé être complètement spontané, on voit bien que certains jouent pour l'édification du prof, même pendant l'échauffement, une manière de rire ou de chialer si spectaculaire, dans le genre, *visez un peu ce que je suis spontanée*, y a des paquets de truqueurs dans notre profession. En tous cas, je sais pas – je m'amollis dans ma tête, puis je me mets à me marrer comme une hystérique et l'instant d'après je braille comme un bébé, complètement perdu les pédales, je tombe de ma chaise et je commence à me convulser par terre… complètement jetée… apocalyptique épilepsie, roulant mes sanglots de droite et de gauche, cherchant à mordre le lino… ils ont l'habitude des émotions les plus intenses ici, mais là, ça dépasse carrément les limites, apparemment. Je tombe plus ou moins dans les pommes, et l'infirmière me dit que c'est du surmenage et que j'aille me reposer à la maison…

Ce soir-là, mon vieux finit par appeler. Alors je lui balance, c'est pas possible je rêve.

Très mal à cause de toi, je fais, quand il demande comment ça va. Pardon, chérie, il dit, à propos du paiement des cours. J'ai déconné.

Ça putain tu peux le dire, je dis.

Oh, ma fille, qu'il fait, je suis dans un état.

T'as pas besoin de me le dire, je fais.

Il dit, elle m'a quitté.

C'est pas dans mon gilet qu'il faut que tu viennes pleurer. Comment-s'appelle-t-elle-déjà ? je dis. Alors il se met à pleurnicher et moi, quand est-ce que tu vas te décider à grandir, nom de Dieu ?

Je continue de lui débiter des vacheries pendant un moment et puis je lui dis que je regrette, qu'il s'en fasse pas, bon débarras, y a un paquet de femmes qui adoreraient un homme gentil comme lui. Pour rien dire de sa thune. Toute sa vie ça. Mais je ne dis pas ça bien sûr. C'est pas à cinquante-deux balais que je vais commencer à lui enseigner les réalités de l'existence. À ce que j'ai vu, personne ne change beaucoup à partir d'un certain âge. Disons à partir de quatre ans, en tous cas, je lui tiens la main et je le calme et j'en oublie presque de le taper.

Il promet de m'envoyer le montant des cours, le loyer et un petit extra. Sûrement pas de quoi retenir mon souffle.

Je devrais haïr mon père, et parfois il me semble que c'est le cas. Y a une nana dans les médias depuis quelques semaines, elle avait refilé un contrat à son mec pour qu'il descende son vieux. Les familles, bordel. Au moins avec les amants on peut rompre. C'est comme tous ces vieux romans et ces vieilles pièces qui commencent tous sur des orphelins qui à la fin retrouvent leurs parents – je voudrais leur dire, ne les cherchez pas, vous êtes mieux sans. Croyez-moi. Payez-vous plutôt un clebs. C'est une de mes grandes ambitions dans la vie – être orpheline. Avec une fondation à mon nom, bien sûr. Et un harem d'hommes pour aller et venir à ma convenance, des mecs aussi beaux et aussi dépourvus de visage que les hommes qui couchent avec vous dans vos rêves.

2

Scènes pour un homme et une femme

Alerte ! Rebecca débarque, et je ne parle absolument pas de celle de Sunnybrook Farm. Non, il s'agit de ma cinglée de sœur. Elle arrive en avion de Palm Beach avec son dernier jules et va descendre au Stanhope. À la place de la direction je planquerais tous les objets de valeur et fixerais tout le reste avec des cordes avant de le recouvrir d'une bâche. La dernière fois qu'elle était à New York elle s'est bel et bien fait virer du Sherry Netherland, un bouge où Rod Stewart et son groupe avaient pour ainsi dire élu domicile. Enfin quoi, je suis certaine que ces types savaient se conduire, vu ? – télés par la fenêtre et groupies par centaines… Ça suffit à imaginer ce que ma sœur peut faire à une chambre. Becca use rapidement – les bagnoles, les cartes de crédit, les mecs, les drogues, les chevaux – on n'a que l'embarras du choix. Mecs et cartes de crédit sont pour ainsi dire mélangés – quand elle a vidé un mec de toute substance elle lui demande en général si elle peut avoir une carte de crédit qu'il ne déclarera volée qu'au bout de cinq jours. Je sais pas, elle doit sucer comme une reine, c'est tout ce que je peux dire, parce que ces types disent toujours oui. Même ceux auxquels elle a fait un plan vraiment horrible, comme de coucher avec leur meilleur ami. La plus fidèle description que je puisse donner de Rebecca c'est de dire qu'elle est comme le diable de Tasmanie, ce personnage des dessins animés de Bugs Bunny, qui se déplace à l'intérieur d'une tornade et démolit tout sur son passage. Ou encore qu'elle ressemble à tout un groupe de hard rock en tournée – tout ça emballé en un joli petit lot de cinquante kilos.

Ce qui m'inquiète pour de bon c'est la combinaison Becca-Didi. Quand ces deux-là se rassemblent – c'était quoi les deux trucs qu'on est censé jamais mélanger en chimie sous peine de faire sauter toute l'école ? Vous voyez ce que je veux dire. Pas l'eau et l'huile – quelque chose d'autre. Je suis nulle, je vous dis, côté scolarité. Des tas de lacunes qui n'ont jamais été comblées. A, B, C, ou aucun des trois ? Toute ma vie, ça. Enfin, bref, je connais plusieurs dealers qui vont faire sauter les bouchons de Cristal Roederer et s'acheter de nouvelles Ferrari quand ils apprendront que Becca est de retour – et je parle de types qui ont acheté leur première Ferrari avec ce qu'ils ont gagné sur le dos de Didi et compagnie. N'empêche, pour le commun des mortels c'est comme d'apprendre qu'un ouragan traverse lentement le Golfe en direction de la villa du bord de mer toute neuve et pas encore assurée. Juste au moment où je commençais à croire que je tenais le bon bout question art dramatique.

Mais le principal c'est que j'ai rencontré un mec et que je craque complètement, alors qu'est-ce qu'on en a à cirer de Rebecca ? Ce qui est vraiment trop c'est que j'ai d'abord été attirée par sa façon de penser, je n'envisageais même pas l'autre truc.

Je suis Chez Nell, comme d'habitude, à zoner. Y a moi, Didi, Jeannie, Rebecca et ma copine Francesca, dont j'ai pas encore parlé – c'est quasiment ma meilleure amie, on faisait les concours hippiques ensemble, personne pouvait la saquer parce que c'était la super P.J.A. – la princesse juive américaine mais alors la complète – son père est un gros producteur de cinéma et sa mère une espèce de Rockefeller, ce qui fait qu'elle avait une pleine écurie des meilleurs canassons de galop et de saut du pays, qu'elle arrêtait pas de piquer des crises et d'engueuler les juges et les autres nanas mais on s'est vachement bien entendu dès le début et aujourd'hui elle est censée bosser chez William Morris bien que je n'aie jamais réussi à l'y joindre. Elle a un de ces jobs incroyables qui font qu'on ne peut que haïr les petits veinards qui les décrochent, le genre de job qu'il faudrait absolument que je trouve si je devais un jour m'intégrer à la population active. Bref elle bosse pour William Morris, mais quand je dis bosse c'est par pure philanthropie. Enfin quoi, elle décroche le job d'assistante d'un chef de service top niveau et la semaine suivante son boss apprend qu'il a le SIDA et bien sûr tout le monde se montre hypercool et civilisé – ben voyons – ce qui fait que l'agence le garde alors qu'il est à l'hosto la moitié du temps et que les trois quarts de ses clients désertent pour I.C.M., C.A.A. et Triade, et Francesca n'a qu'à se montrer de temps en temps pour répondre à des lettres de condoléance. Mais du même coup elle bénéficie de la crédibilité que confère un poste chez William Morris et des portes que ça ouvre, pour ne rien dire d'être la fille de son père.

Donc Francesca, elle connaît tout le monde, normal. En partie à cause de sa famille et aussi parce que c'est sa grande passion dans l'existence, rencontrer des gens riches et célèbres. Des tas de gens la croient snob ou baiseuse de stars parce qu'elle est toujours à raconter un déjeuner avec Jack Nicholson ou les verres qu'elle a bus avec Sting, mais elle s'en cache tellement peu qu'on ne peut pas vraiment lui en vouloir. Elle est complètement midinette, ce qui est quand même assez effarant étant donné ses origines : toutes ces célébrités qui n'arrêtaient pas de venir dîner chez elle, on aurait pu s'attendre à ce qu'elle soit blasée. Mais c'est le genre à traverser une pièce pour faire la connaissance du type qui a eu une panouille dans *Les Feux de l'amour* et le féliciter sur sa carrière. D'accord, y a des moments où c'est quand même un peu limite – dans le genre, Francesca, je te présente Adolf Hitler, et elle alors ce serait – Oh, ouah-oh, j'ai adoré votre dernière guerre. Son ambition dans la vie c'est d'être invitée chez Mick et Jerry pour le dîner. Elle cultive sans trêve les gens qui les connaissent et s'arrange pour dire des gentillesses en public sur la musique de Mick et les jambes de Jerry, au point que moi-même elle finirait par me donner envie de gerber. Mais à la base elle est superchouette et ferait n'importe quoi pour moi ou n'importe laquelle de ses amies.

On est donc assises sur un de ces divans censés être anciens qu'ils ont Chez Nell, et voilà qu'il faut que j'aille aux toilettes – non, franchement. C'est hyperbondé et pendant que je suis donc contrainte d'attendre qu'un chemin s'ouvre dans le peuple, t'as un mec qui me dit, je vous ai pas vue sur scène à Williamstown l'été dernier ?

Alors moi, tac au tac, pas possible ?

Il fait, dans *La Mouette*, c'est ça ? C'était pas vous ?

Et moi, je voudrais bien.

Il a l'air très jeune – il a l'air d'avoir mon âge, quoi, un gamin. Des cheveux blondasses qui auraient besoin d'une coupe, tennis blancs, blue-jean, chemise blanche, et une espèce de blazer miteux de la taille d'un peignoir de bain. Des yeux comme la mer des Caraïbes, bleu-vert et chauds.

Et donc je reprends, si t'as envie de faire ma connaissance, t'as qu'à le dire.

Et lui, vous êtes comédienne, n'est-ce pas ?

Et je réponds, à quoi tu vois ça ?

Je ne sais pas, qu'il dit, à ton allure.

Ça s'appelle une armature souple, je lui fais, parce que c'est là qu'il regarde.

Dieu bénisse le fabricant, dit-il, je vais acheter des actions demain.

Sa manière de lever les sourcils et la commissure de ses lèvres me branchent bien quand il dit ça.

Alors je baisse les yeux sur sa braguette et je dis, tu ferais mieux d'acheter des actions de Levi Strauss. On dirait que la tendance est à la hausse.

J'espère bien qu'elles finiront par baisser tout de même, dit-il.

Et moi, te gêne pas, aucune loi n'interdit l'auto-érotisme.

Celle-là le laisse sans réplique du tac au tac. La plupart des mecs tiennent pas vraiment la distance. Quand même, il est mignon.

Sans blague, dis-je, à quoi pouvais-tu voir que je suis comédienne ? Je me dis que ma formation commence peut-être à se voir, je sais que ma voix est beaucoup moins nasale qu'avant, en tout cas par moments, le prof dit qu'il faut que je travaille à la faire descendre dans la poitrine – elle y sera beaucoup plus au large, qu'il fait, c'est une espèce de vieux cochon, mais sympa. Et puis je travaille mon attitude. Maman essayait toujours de nous faire balader à travers la maison un bouquin en équilibre sur la tête, c'est tout elle, ça, et nous c'était, d'ac, compte dessus maman, passe les Chipsters et monte le son en sortant si tu veux bien – ça doit être la seule chose que quiconque chez moi ait pensé faire avec un bouquin, alors naturellement, les mecs qui en lisent, ça m'impressionne. Mais j'aurais tendance à regretter de pas avoir écouté maman question attitude. Je suis un peu le bossu de la Soixante-dix-huitième rue et je dois améliorer ma manière de me tenir pour ma carrière d'actrice. Quoi qu'il en soit je suis donc en train de lui demander à quoi il a vu que j'étais comédienne.

Il faut croire que je suis incroyablement perspicace, qu'il dit.

Je lui fais, et je suis censée te croire ?

Et puis je t'ai entendu parler à tes amies.

Ah, t'écoutais aux portes, je dis. En fait je suis plutôt flattée. D'habitude quand je sors avec Didi j'ai du mal à attirer la moindre attention. En plus j'apprécie qu'il soit assez honnête pour avouer la vérité – s'il y a un truc que je déteste c'est le baratin auquel on a droit d'habitude.

Il me dit qu'il s'appelle Dean Chasen et moi, Alison Poole. Attention, rien que ça c'est un signe – quand j'ai le moindre doute sur un mec je lui refile un nom bidon.

Dean m'a attendue quand je sors des toilettes, alors va pour le verre qu'il m'offre. Francesca et Didi me font des grands signes et me montrent du doigt depuis l'autre extrémité de la salle mais je les ignore. Je suis toute à ce que Dean raconte, il se trouve qu'il sait tout sur le théâtre, bien qu'il soit chez lui à Wall Street, vendeur d'obligations ou un truc dans ce goût-là. On se met à parler des pièces qui se jouent en ville et il me pose des questions sur mes cours et puis on a un débat sur la Méthode opposée aux autres formations d'acteurs, à son arrivée à New York il a étudié au Neighborhood Playhouse un bout de temps avec Meisne. Il a trente-deux ans, finalement, il en paraît bien moins. Il dit qu'il compte prendre sa retraite à trente-cinq pour écrire des pièces, peut-être des romans.

C'est quand même marrant – j'ai remarqué qu'avec les créatifs, les mecs qui sont artistes, acteurs, on parle presque jamais de leur boulot, ils sont toujours à parler de la bourse ou de machins du même genre comme s'ils essayaient de vous convaincre qu'ils comprennent le monde réel, et puis tu te retrouves avec des agents de change, des banquiers, et ils ne veulent parler que d'art et de théâtre et c'est tout juste s'ils s'excusent pas de gagner des montagnes de blé.

D'habitude quand je rencontre un mec il me faut dans les trois secondes pour me demander la taille de sa queue. Didi et Jeannie sont des adeptes convaincues de la méthode de la main – mais si : grosses mains, grosse queue – mais j'étais tellement prise par la conversation avec Dean, tellement occupée à l'écouter qu'il m'a fallu quelque chose comme plusieurs heures avant de m'aviser de remarquer qu'il avait les mains longues et délicates, et après la première nuit que j'ai passée avec lui j'ai commencé par appeler Didi pour lui dire que les doigts fins ne signifient pas toujours ce qu'on pense.

On se met à parler comme si on s'était connus toute notre vie. Dean remarque un paquet de trucs, il a une façon vraiment intéressante de regarder le monde – un exemple, ils ont un D.J. vraiment super Chez Nell et comme il mêlait quelques vieux succès aux nouveautés tout d'un coup voilà Dean qui dit, tu sais, « Lightning Striking Again » est le seul morceau dans lequel les choristes ont un texte qui a autant d'importance que le reste.

Alors moi je dis, j'aime bien, *maintenant je peux pas m'arrêter je peux pas m'arrêter*, ça pourrait être ma devise.

En tout cas, Dean a l'œil pour ces petits trucs marrants. Ça me branche. Par certains côtés on dirait un gamin de cinq ans pour ainsi dire. Quand je lui ai dit qu'il ressemblait à un petit garçon il a répondu, nous sommes une nation puérile, Alison. Il a le chic pour dégoter des trucs comme ça et j'adore ça. Parce que, moi je parlais de lui, mais il s'arrange pour en faire une remarque sur le monde en général.

Bref je sais pas comment on se retrouve chez lui, sans cesser de parler. Une vraie machine à dialogues ou je ne sais quoi. Je lui raconte mes ex et que j'ai couché avec trente-six mecs et je fais et toi ?

Alors lui, zéro, sérieux comme un pape.

Et moi, oh, me fais pas ce plan-là.

Et lui, non, franchement, aucun mec. Là j'ai craqué.

Il me parle de Patty, la nana avec laquelle il vient de rompre au bout de deux ans. Il l'aime encore, il dit, mais dans le fond elle ne lui plaît pas, elle veut se marier et s'installer en banlieue et lui n'est pas prêt pour ça. Alors ils ont cassé il y a un mois environ. Je lui dis qu'il ne fait vraiment pas banlieusard et il dit, quoique.

Parfois j'ai le sentiment d'être coincée entre être mon père et être une espèce d'animal, dit-il. Ce que je fais pour vivre – pas de malentendu, ça me plaît, et c'est salement excitant, mais c'est tellement classique que j'ai l'impression de devoir passer des nuits blanches et me crever la paillasse rien que pour savoir que je suis encore vivant. Il dit, dans quelques années je laisserai tomber pour faire ce que je veux faire.

Super, je dis, qu'est-ce qui t'arrête ?

J'ai peur de m'arrêter moi-même un jour, fait-il. J'ai peur de devenir gras et satisfait en attendant.

Je t'appellerai dans trois ans pour te rafraîchir la mémoire, je dis.

Si les marchés tiennent le coup, dit-il, je devrais avoir dans les environs d'un million et des poussières à cette époque. Le plan de l'artiste mort de faim, je ne suis pas convaincu de sa nécessité, tu sais ? Si je peux mettre un peu d'argent de côté je crois que je serai beaucoup plus à même de me concentrer sur l'écriture que si je travaillais en même temps comme garçon de courses.

Absolument, je fais, mais quand j'y pense, je ne sais pas combien de grands écrivains ont bossé à Wall Street la moitié de leur vie avant de se mettre soudain à pondre des chefs-d'œuvre. Autrement dit, ce mec me plaît beaucoup mais ça n'empêche pas mon cerveau de fonctionner, vu ?

Alors ensuite on se met à parler dramaturgie et il n'arrête pas de bondir pour tirer des bouquins des étagères et m'en lire des petits bouts, il a bien dans les huit murs entièrement couverts de bouquins, son salon, on dirait une bibliothèque municipale ou un truc dans ce goût-là.

Pour finir, quand les oiseaux commencent à piailler dehors, il dit, tu veux rester ? Et moi, bien sûr, pourquoi pas ? C'est vrai on a une super conversation, mais en même temps je me dis, ce mec il me plaît vraiment et je le respecte, peut-être que je devrais pas baiser avec lui. Vous savez, ça fait si longtemps que j'ai pas rencontré un mec qui soit pas le sale con total que j'en oublie ce que sont les règles. Et puis je me rappelle le petit cadeau de Skip. La gynéco a dit deux semaines et ça n'en fait qu'une environ depuis que j'ai commencé les médicaments et j'ai encore deux trois petites démangeaisons. Et c'est bizarre mais tout d'un coup, maintenant que je ne peux pas baiser, j'en ai vraiment envie et, l'espace d'une minute, j'imagine prendre le risque. Mais ce serait vraiment merdeux, alors j'explique la situation et il est vraiment sympa. Il va falloir qu'on attende, c'est tout, dit-il.

Plus facile à dire qu'à faire. D'abord on s'embrasse seulement, et puis il me touche les seins et ça, c'est la porte ouverte à la galère. Mon téton gauche en particulier, cherchez pas d'autre bouton si vous voulez allumer l'Alison et la rendre toute chose. Au bout d'une heure de touchers, de baisers et de frottis, je suis complètement à côté de mes pompes. Dean m'envoie en l'air avec sa main mais ce n'est pas la même chose un point c'est tout, il m'en faut plus, je ne veux pas m'arrêter.

Quant à ce pauvre Dean, il est à deux doigts de mourir d'une érection monstrueuse. Au bout de deux heures on croirait un machin sculpté dans la pierre et mis à chauffer sur le feu. Je me demande si peut-être je devrais pas l'aider un peu mais j'estime que les caresses bucco-génitales lors du premier rendez-vous sont d'une extrême grossièreté, au point que ça me la coupe quasiment quand un mec que je connais à peine se met à me lécher. Vu les circonstances je devrais faire quelque chose pour Dean mais l'os c'est que j'ai vraiment envie de lui en moi.

S'il te plaît, je fais. S'il te plaît. Il est sur moi, m'embrasse et va et vient à vide.

Alison, gémit-il. Non.

J'en peux plus, je fais.

Moi non plus.

Ah je te retiens Skip Pendleton, je fais.

Skip Pendleton ? dit-il levant la tête de mon épaule.

Tu le connais ? je dis.

Et alors lui, c'est un ami.

Le monde est petit, je dis.

Dean fait, c'est lui qui t'a refilé cette… maladie ?

Je crois.

Comment ça, tu crois ?

Je vois bien que ça lui plaît pas des masses, à Dean. Il roule plus ou moins sur le côté et bien qu'il me dise ça va ça va, qu'il ne me connaissait pas à l'époque, je vois bien qu'il a ce syndrome de la concurrence masculine. Les hommes ne veulent des femmes que si d'autres hommes les ont voulues, on ne les intéresse pas si on n'est pas désirable aux yeux de leurs amis. Mais d'un autre côté ils comptent bien sur vous pour avoir résisté jusqu'à ce qu'ils s'amènent à l'intérêt que vous suscitiez. Ça doit être parce qu'il connaît Skip. L'idée des trente-cinq autres n'a pas eu l'air de le défriser outre mesure.

Et puis voilà que de but en blanc il dit, tu ne t'en fais jamais pour, tu sais, le SIDA ?

Je réponds, bien sûr que je m'en fais, mais je pense que ça a été énormément gonflé. J'essaie de faire attention avec qui je couche.

Comme Skip, hein ? Cet enfoiré, c'est une boîte de Pétri ambulante.

Alors là, je lui balance, t'as pas dit que c'était ton ami ?

Le lendemain, en fait le même jour, je me réveille à une heure de l'après-midi. J'essaie de me rappeler si j'ai cours, quel jour on est. Dean n'est pas dans le lit.

Ça sent le café mais je n'entends rien. Je me dis qu'il est peut-être parti au boulot et puis je l'entends aller et venir dans la pièce d'à côté. Il y a un téléphone près du lit alors j'appelle Francesca.

Raconte-moi tout, elle fait. Je veux des détails. Longueur, largeur, position et durée.

Je lui fais, ton ordinateur est programmé ?

Francesca met toutes ses conquêtes en mémoire sur son ordinateur avec des commentaires détaillés sur la façon dont ils s'en sont tirés et elle a en plus des dossiers distincts pour les aventures sexuelles de ses amies.

Je lui expose le problème. Elle était déjà au courant pour ma maladie vénérienne, à croire que c'est le sujet de conversation favori cette semaine.

Bah, dit-elle, j'espère que tu l'as sucé, au moins.

Et moi, ben justement pas.

Alison ! Mais enfin à quoi penses-tu ? Il ne te plaît pas ? C'est vraiment le moins que tu puisses faire après avoir mis le pauvre type dans tous ses états avant de lui dire que tu as chopé une infecte maladie vénérienne avec son meilleur ami. Vraiment tu perds les pédales.

Après quoi j'appelle l'appart pour parler à Jeannie. C'est ma sœur Rebecca qui répond. Au son de sa voix, elle est complètement pétée. Tu parles d'une surprise !

Qu'est-ce que tu fabriques là-bas, je fais et elle fait, quand on est parties de Chez Nell, on est passées à la maison d'Émile pour acheter dix grammes qu'on est en train d'essayer de finir.

Je peux pas m'empêcher de lui dire, mais enfin il est deux heures de l'après-midi quoi ! La plupart des gens normaux ont déjà dormi au moins une fois.

Tu t'es fait baiser ? veut savoir Rebecca.

Et puis Didi prend l'appareil. Elle braille, t'as intérêt parce que t'as laissé tomber tes meilleures amies. Puis d'une voix assez normale, si on peut parler de voix normale pour quiconque a passé une nuit entière à picoler, fumer et sniffer, elle dit, amène-toi pour nous aider à finir ces dix grammes.

Où est Jeannie ? je fais, et Didi dit, elle s'est effondrée dans la chambre vers cinq heures et elle est partie bosser vers neuf.

Je m'inquiète pour Jeannie parce que c'est la seule d'entre nous à avoir un vrai job et à ce train-là ça ne durera pas. C'est pas évident de se concentrer quand on zone avec nous.

Après avoir essayé sans succès de joindre mon vieux, qui n'a toujours pas réussi à me faire parvenir mon chèque, l'enfant de salaud, je me lève et je passe dans la pièce d'à côté, mais je commence par chercher quelque chose à mettre, étant la fille incroyablement pudique que je suis. Dans sa penderie, il a dans les vingt chemises et je choisis une Oxford bleue de chez Brooks Brothers. J'approuve. À treize ans j'ai commencé à porter les Brooks Brothers de mon père et aujourd'hui, ma tenue habituelle consiste en l'une de ces amples liquettes d'homme d'affaires – encolure quarante-quatre, grande longueur et portée bien sûr par-dessus – des jambières, des chaussettes blanches, des tennis ou des mocassins.

La porte de la salle de bains est ouverte et l'eau coule. Je glisse pour ainsi dire un œil à l'intérieur. Je me fais un certain mouron à propos de son humeur. Dean est en train de se raser, si mignon dans son caleçon écossais, et il se sert d'un de ces vieux rasoirs de sûreté démodés, le genre dont se servait Pops je me rappelle – c'est mon grand-père. Il y a un de ces blaireaux couverts de mousse à raser près du lavabo et c'est étrange, je ressens une espèce de déjà vu du temps que j'étais vraiment une toute petite fille, je m'étais réveillée très très tôt un matin dans la maison de Gran et Pops à Palm Beach et j'avais suivi le bruit de l'eau qui coulait jusqu'à la salle de bains de Pops où il était en train de se raser exactement comme ça. Il m'avait laissé regarder et ça m'avait salement impressionnée, comme si j'avais été témoin de je ne sais quelle cérémonie religieuse. Ça remontait quasiment à la préhistoire, avant le divorce de maman et papa.

Bonjour, je fais, et Dean tourne les yeux vers moi, et dit bonjour. Il sourit mais on voit bien qu'il en a pas envie du tout. Il essaie de ravaler son sourire, de se rappeler qu'il est fâché avec moi.

Alors comment vas-tu ce matin ? je fais, et il dit, très bien.

T'as séché le boulot ? je demande, et il dit qu'il a appelé pour prévenir qu'il prenait un jour de congé, il y avait droit. Il le dit comme s'il voulait me faire croire qu'il projetait de longue date de prendre cette journée de congé, comme si ça n'avait rien à voir avec moi ou avec la nuit blanche.

Et je fais, je ne savais pas qu'on se servait encore de ce genre de rasoir.

Et il dit, je dois être un peu vieux jeu.

Et je fais, c'est chouette, ça me plaît.

Et il fait, ah bon ? Ça m'étonne.

Et qu'est-ce qui t'étonne tant, je dis.

Et il dit, je te considère comme une nana postmoderne.

Je ne sais pas si c'est un compliment ou quoi, à l'entendre on ne dirait pas vraiment, mais en tout cas pour purifier l'atmosphère j'y vais d'un, pardon pour hier soir.

Et il dit, de quoi demandes-tu pardon ?

Et je dis, tu dois être un rien frustré.

Je survivrai, qu'il me fait.

Dieu ce que les hommes peuvent être sots quand ils croient être machos et durs. Des fois je me dis qu'il doit exister une espèce de rituel secret comme la circoncision dans lequel tous les garçons subissent l'ablation des trois quarts de la cervelle pendant l'adolescence, à moins qu'on leur fasse seulement promettre de parler et d'agir comme s'ils avaient été lobotomisés, de grogner des monosyllabes à la façon des hommes des cavernes et de limiter leurs émotions à un éventail allant de A jusqu'à B. N'empêche, c'est le seul autre sexe dont nous disposions. Et ils peuvent vous faire sentir si bien des fois qu'on voudrait glapir comme « La ménagère qui vient de décrocher le gros lot à la roue de la fortune » et qu'on leur pardonne en général d'être des hommes.

Et donc Dean finit de se raser, s'essuie, et passe dans la cuisine en faisant comme si je n'étais pas là. Je le suis. Il a de jolies fesses. Il s'installe à la table et s'empare du *Times*.

Je pense à allumer la première clope de la journée mais il me vient une autre idée.

Pauvre bébé qui n'a pas eu la moindre satisfaction je dis, en venant me placer derrière lui et en lui caressant la nuque. Je me mets à chanter, *I can't get no... I can't get no...*

Il résiste un moment, gardant les muscles tendus à mesure que je descends, faisant semblant de lire, mais il s'affaisse peu à peu sur sa chaise et quand je m'agenouille devant lui et que je me mets à lui masser l'intérieur des jambes il pousse un bon gros gémissement. Il tend la main pour me caresser les cheveux, laisse aller sa tête en arrière, ferme les yeux et son souffle trébuche dans sa gorge quand je pose la main sur la petite fente de son caleçon.

Il aspire une grande goulée d'air quand je le prends dans ma bouche et ça n'est que le commencement. D'accord, j'ai pas rencontré beaucoup de mecs qui disent *non merci, chérie, j'aime autant regarder le match* quand on leur propose une pipe. Mais tout de même, je n'ai jamais rien entendu de semblable au chœur de bizarres petits bruits satisfaits qui émane de Dean pendant que je le suce. Ça me fait sentir vraiment bien, comme une infirmière ou peut-être un ange, accomplissant sa B.A. du jour. Ce que je veux dire c'est que ce mec est bon public et ça m'inspire vraiment.

Qu'est-ce que vous voulez que je vous dise ? Je suis actrice.

En règle générale, la pipe, je peux bien dire que je ne suis pas fana. De fait, dans la plupart des cas je m'en passerais volontiers. Les mecs, bien sûr, sont pas d'accord et j'imagine qu'on peut pas leur en vouloir. Pensez, si ça approche tant soit peu de ce que ça nous fait quand un type qu'on aime vraiment se met à nous lécher, surtout s'il est bien rasé, on peut décemment pas leur en vouloir de tenir à la réciproque. Dieu sait que j'aimerais mieux perdre mon bras gauche que d'être privée de ça le restant de mes jours. Et donc, pour ainsi dire, je me dis en général que c'est une espèce de troc. Vous voyez, le genre si-tu-me-lèchesje-te-lèche. Sauf qu'un truc me fait carrément flipper – quelqu'un devrait écrire un bouquin sur le savoir-vivre moderne englobant ce genre de chose – un truc que je peux pas encadrer – vu ? C'est le mec qui me lèche la première fois. Ça me paraît incroyablement présomptueux et grossier. Baiser, c'est une chose. Mais coller sa figure dans l'entrejambe de quelqu'un, tout de même, c'est sacrément intime. Et je suis vraiment mal quand c'est un mec dont j'ai même pas réussi à saisir le nom sur la piste de danse. J'estime qu'un certain kilométrage de conversation et de baisers est nécessaire aux lèvres qui viendront s'appliquer sur mes, heu, ben, lèvres. Vu les mecs ? Pour ceux que ça intéresse.

Et puis pendant qu'on y est, un autre truc que j'aime pas, c'est quand un mec est en train de vous lécher et qu'on est là le truc – ouf, même s'il n'y a pas de dieu tout va bien, j'en fais mon affaire aucun problème d'ailleurs j'en ai rien à secouer – et qu'on plane dans une espèce de transe chaude et liquide et soudain on sent qu'il vous fait le plan du pivot. Vous voyez ce que je veux dire, la bonne vieille rotation avec la langue dans votre crique sud qui se met à tourner sur elle-même balançant les hanches vers le nord et paf on prend une bite dans les dents. Je sais pas, ça doit être ça qu'on appelle un échange de bons procédés. Des fois je pense qu'on ne fait que se masturber mutuellement, de quelque manière qu'on regarde les choses. Quand on se branle pas l'un de l'autre, on se branle l'un l'autre. Mais enfin, faut-il l'afficher aussi effrontément, le crier sur les toits ? Tout de même !

En fait, mon dernier vrai petit ami, Alex – le seul vrai petit ami que j'aie eu de ma vie, on est restés ensemble pendant cinq ans – il l'était, effronté, sur le sujet. Il concluait des marchés. Comme, par exemple, j'étais en train de regarder le nouveau catalogue de Saks, qui venait d'arriver au courrier, et je montrais un pull ou un truc en disant, ça, j'adore et lui il faisait, je vais te l'offrir. Et moi je faisais, vraiment ? et alors il levait les sourcils comme ça et il clignait de l'œil. Et moi je disais, ah, oui oui, j'ai compris.

Alors je devenais dure et je lui faisais remplir le bon de commande avec son numéro de carte de crédit et refermer l'enveloppe avant de le sucer. Et quand j'étais vraiment salope je l'obligeais à aller jusqu'à la poste en bandant. Je sais pas, je crois que ça l'excitait encore plus. Plus je la lui jouais dure, plus la sienne durcissait.

Alex avait été vraiment furax quand j'avais lu dans *Vogue* ou ailleurs qu'il y a quelque chose comme douze cents calories ou pas loin dans une dose moyenne de foutre. Parce qu'à l'époque j'étais plus ou moins anorexique et que mon souci principal était certainement pas de m'appuyer une dose supplémentaire de mille calories et plus. Alors du coup j'étais plus partante. Parce que, franchement, ça me semble dans le genre grossier et insultant de ne pas avaler. Comme d'inviter quelqu'un à bouffer à la maison et puis de le faire dîner dans la cuisine avec les domestiques. En tout cas, ce qu'il a pu être furax Alex. Je crois même qu'il a écrit une lettre au rédac chef de *Vogue*. Ou peut-être que c'était *Cosmopolitan*. En tout cas. Il en était devenu parano et se mit à parler de la mainmise des gouines féministes sur les médias et je ne sais plus quoi. Et quand il en avait envie il se mettait à geindre et à ramper comme un clebs le nez dans un trou de renard, parce que comme je le dis j'étais pas trop fana de toute l'affaire dès le début. Quand on aime quelqu'un, d'accord. J'aimais Alex, et il y a quelque chose de spécial à faire un truc pour quelqu'un qu'on aime. C'est meilleur que tout le reste au monde, même si c'est un truc que normalement on ferait pas du tout. Ou peut-être surtout si c'est un truc que normalement on ferait pas du tout.

J'ai dit aimer ? Va falloir que je me désinfecte la bouche. Dean a dit un truc formidable la nuit dernière. On parlait de tragédie, et Dean a cité une réplique, un truc comme ça, de tout temps les hommes sont morts et les vers les ont mangés, mais pas par amour. Et j'ai approuvé, absolument. C'est du Shakespeare, une nommée Rosalinde le dit. Dean dit que je lui rappelle Rosalinde, il dit que c'est un personnage formidable, alors je vais peut-être bien voir cette pièce, s'il y a un monologue dont je peux me servir.

En tout cas… je me demande des fois si ça aurait pu durer avec Alex s'il ne m'avait pas baisé la gueule. Et puis je dis – qu'est-ce qui te prend, ça va pas la tête ? Ça ne dure jamais. Je n'en ai encore jamais vu aucun exemple. Mais on a encore cet idéal dans la tête, vous savez, comme une vision d'un endroit qu'on aurait jamais visité, mais qu'on a rêvé ou vu dans un film dont on a oublié le titre, un endroit qu'on sait qu'on reconnaîtrait immédiatement si on le voyait dans la vraie vie. Ce serait comme de rentrer à la maison, fatigué, crevé après avoir passé vraiment beaucoup de temps sur la route, si la maison ressemblait à ce qu'elle est censée être, pas à la zone sinistrée qu'elle est en réalité.

3

La mémoire des sens

Il est donc dans les trois heures de l'aprèm quand j'embrasse Dean pour lui dire au revoir.

Tu sens ton goût ? je lui demande et il rougit. Je vous jure ; ce que les types de son âge peuvent être vieux jeu ! Ça me fait craquer. On pourrait croire que d'avoir grandi pendant les années soixante où tout le monde baisait en public dans les festivals rock et s'envoyait en l'air à l'acide en aurait fait des gens plutôt cool, mais la plupart des types que je connais qui ont dans les trente ans – c'est fou ce qu'ils se choquent facilement. Je sais pas, c'est peut-être moi. Est-ce que je parle avec une franchise particulièrement choquante ? Toutes mes copines sont comme ça, alors, ça peut pas être une vraie bizarrerie de ma part. D'ailleurs avec un peu de boulot, le père Dean finira par se détendre. Il a des possibilités indiscutables.

Quoi qu'il en soit, Dean arbore le sourire béat à la con qu'il a eu sans cesse depuis le moment où je me suis arrêtée pour respirer, ce qui est une bonne chose, je suis contente qu'il soit heureux, parce qu'il faut que je lui demande le fric du tacot pour retourner à l'appart me changer et prendre mon script puis me conduire vers le centre chez Lee Strasberg en moins d'une heure. Ça m'emmerde de commencer à le taper dès le début mais lui il est vraiment charmant, me refile un billet de vingt et je l'embrasse de nouveau et en moins de temps qu'il n'en faut pour le dire, on est repartis plein pot tous les deux et la perspective de mon cours s'éloigne à l'horizon, mais je me rappelle mon petit problème, sans compter que le téléphone se met à sonner et donc qu'on recule d'un pas tous les deux, le souffle coupé, et il fait, je t'appelle – d'une voix complètement sexy, comme si elle avait été fumée, lissée au papier de verre et trempée dans une sauce au piment – et moi je fais, t'as intérêt.

Remarque, je l'appellerais. Si je veux et quand je veux. J'ai horreur d'attendre, en particulier que le téléphone sonne. Pourquoi attendre ? c'est ma devise. Je ne comprends pas ces nanas qui estiment que c'est au type de les appeler, comme si c'était je ne sais quelle perversion, voire déviance pour les femmes de composer un numéro sur un cadran. *Ooh beuark, jamais je ne pourrais !* Ma mère a toujours été comme ça. Même quand j'ai su qu'elle baisait avec le prol chargé de l'entretien de la piscine elle a conservé ces petites formules pour agir en dame qu'elle a dû ramasser chez Miss Porter ou je ne sais où – *une dame n'appelle jamais un monsieur*. Le genre à enfiler des gants blancs pour faire une branlette.

Ma mère. Elle a appelé hier soir juste avant que je sorte pour dîner parce qu'elle voulait parler de son jules. Carl est censé être propriétaire d'une entreprise de construction et elle tente de savoir si elle doit rompre avec lui parce qu'il est affairiste et paresseux – ses propres mots, elle a tendance à parler comme Scarlet O'Hara – et ça fait cinq ans qu'elle tente de le savoir. Bah, ça lui fournit un sujet de réflexion en dehors de papa. Elle s'occupait d'organisations caritatives et d'aquarelles, elle peignait de vraiment beaux paysages, enfin, des paysages que je trouvais vraiment beaux quand j'étais petite. J'adorais la regarder peindre dehors dans le solarium, on avait cette grande baraque à Long Island quand j'étais petite et que mes parents étaient encore mariés, j'adorais les nuances du bleu dans sa boîte de couleurs, ces disques bleus qui, à eux tous, contenaient la totalité des humeurs du ciel et de l'océan. Mais les tableaux ne cessaient pas de rapetisser et finirent par avoir à peu près la taille d'un timbre poste, elle s'était mise à utiliser ces pinceaux qui n'ont qu'un seul poil, peignant des montagnes transparentes de la taille d'un bouton d'acné, puis elle cessa complètement. Je crois que les moqueries perpétuelles de papa en ont été responsables. Chaque fois qu'elle tentait de faire quelque chose c'était la grosse blague. Autant que j'en puisse juger aujourd'hui, elle regarde les émissions religieuses à la télé en picolant du vin toute la journée. Quelqu'un qui n'aurait pas l'idée de porter un sac à main qui ne serait pas taillé dans le bas-ventre d'un alligator, qui ne mettrait pas deux fois une robe de cocktail, mais qui achète maintenant son blanc sec Le Joyeux Cèpe par caisses de douze. Quand j'en ai eu marre de l'entendre parler de Carl j'ai dit que je la rappellerais. Mon opinion sur Carl, si vous voulez vraiment la connaître, c'est que la meilleure des choses qui pourrait arriver à maman serait que certains de ses gentils partenaires des soi-disant travaux publics lui offrent une belle combinaison de plongée en ciment et l'envoient faire de la pêche sous-marine sans bouteilles.

Un peu plus loin dans la rue, j'agrippe un tacot conduit par un Russe dément. Il tient absolument à me raconter l'histoire de sa vie en commençant par le commencement biologiquement indéniable.

Moi Russe blanc, qu'il dit. Blanc.

Holà, je suis capable de voir ça toute seule. Y a quelque chose de raciste, non, à insister là-dessus, d'après moi. Je sais pas, peut-être qu'il veut me faire avaler qu'il a donné son nom au cocktail. Toutes les dix secondes plus ou moins il descend sa vitre pour pouvoir cracher chaque fois qu'il tient à manifester ce qu'il pense du communisme. Du moins ai-je l'impression que c'est là l'idée. En tout cas je me recroqueville plutôt vers la droite du taxi pour pas me morfler une partie des embruns.

En Amérique, qu'il fait, tu manges caviar pour petit déjeuner tous les matins si tu veux. (Je parie que pour les nanas du pool dactylo la nouvelle est surprenante.) Et lui qui insiste, pas pareil Russie. (Et que je te baisse la vitre – et hop, que je te crache !)

Et puis qu'il fait, quoi toi faire, mannequin de mode ?

Je suis actrice.

Oh oui, qu'il fait. Les films. Je connais. *The West Side Story.*

C'en est un bon, je fais.

Si jamais vous passez par Brighton Beach, venez me regarder, dit le Russe en me déposant devant chez moi.

Et moi je fais, où ça perche ça, dans les Hamptons ? J'en ai jamais entendu parler. Et puis je lui demande s'il veut bien m'attendre et il dit pas de problème.

Dans l'ascenseur j'espère que Didi et Rebecca seront pas là, ou alors au moins qu'elles dormiront. C'est pas évident de commencer sa journée quand un couple de vampires a investi votre appartement. À la porte, j'entends de bizarres voix asiatiques venant de l'intérieur. On dirait je ne sais quelle thérapie de groupe pour insectes géants.

Je manque gerber en ouvrant la porte, tellement il y a de fumée de clopes et de sueur de coke. Quand mes yeux s'habituent à l'obscurité, je les distingue blotties sur le divan, Rebecca dans son justaucorps léopard et Didi avec les jambières et le sweat qu'elle doit porter depuis deux semaines maintenant.

Merde, tu nous as fait une de ces frayeurs, sœurette, dit Rebecca. Et Didi : T'as apporté de la bière ?

Et des cigarettes ? dit Rebecca. Il nous faut des cigarettes.

Ce qu'il vous faut, c'est un psychiatre, que je fais.

Alors Didi, t'as apporté du sniff ?

Y en a encore presque un gramme ici, lui dit Rebecca.

Et Didi fait, c'est bien. T'en es sûre ?

Et Rebecca fait, je crois. J'en sais rien. Peut-être que c'est seulement sept huitièmes de grammes. Ou trois-quarts. J'en sais rien.

Oh, ça fait pas beaucoup, ça, répond Didi.

Et Becca, bof, y en a peut-être neuf dixièmes.

Et moi je la vanne, apprenez les fractions en rigolant. D'ailleurs, Becca était vraiment bonne à l'école. Attention, elle y allait jamais, mais un jour on avait réussi à l'attacher assez longtemps pour lui faire subir un test du Q.I. et ensuite on avait dit à papa et maman que c'était un génie. Becca ne nous a jamais laissé l'oublier. Elle avait décidé que ça voulait dire qu'elle n'aurait plus besoin de s'emmerder à aller à l'école ni à faire quoi que ce soit qui requiert le moindre effort jusqu'à la fin de ses jours.

Faut qu'on appelle Émile pour en acheter encore, s'écrie Didi, soudain prise de panique.

J'adore ces conversations de coke. Elles sont d'une richesse pour l'esprit. Franchement, est-ce que je parle comme ça moi aussi ? Ce serait presque assez pour vous faire renoncer à tout jamais à toute drogue.

Elles ont fait de l'appart une véritable porcherie, il y a des cadavres de bière et de vin un peu partout, et je ne sais trop pourquoi la moitié de la garde-robe de Jeannie est éparpillée à travers la pièce, et pour couronner le tout, il y a comme une espèce de résidu, une pellicule de cendre de cigarette et de cocaïne qui recouvre tout. L'air me fait penser à Mexico – totalement irrespirable. Je vais dans ma chambre pour me changer.

Parle-nous de ton nouveau jules, gueule Rebecca depuis le living.

On veut les détails, fait Didi. Longueur et largeur.

Il ne se passe pas une minute avant que Rebecca reprenne, Alison, t'as pas du valium ? C'est ça qui est chouette avec les géants de la coke. Si tu n'aimes pas le sujet de conversation, tu es sûre d'en avoir un nouveau dans la minute qui suit. Mais il faut reconnaître qu'en réalité le sujet ne change jamais. C'est comme le mouvement perpétuel. Le sujet, c'est toujours une drogue.

Quand je pars elles sont en train d'appeler le traiteur pour se faire monter de la bière et des cigarettes, Becca maintient le combiné entre sa joue et son épaule tout en se courbant pour sniffer sur le miroir.

Y vendent pas de valium ? fait Didi.

Qui ça, vendrait du valium ? dit Becca avant de faire, allô, qui est à l'appareil ?

Et Didi reprend, mais à qui tu parles ? Et puis elle semble s'apercevoir que je m'en vais. Elle est franchement indignée. Assieds-toi, dit-elle. Il faut que tu nous aides à finir cette coke. Tu n'iras nulle part tant qu'il y en aura encore.

Ce que Didi peut être despotique quand elle est chargée. Il faut absolument que tout le monde se foute en l'air, et en plus, elle dirige les conversations. D'ordinaire elle s'en tire parce que c'est elle qui a payé la coke. Et puis tout le monde éprouve une espèce de respect terrifié à son égard, elle est comme un prodige, comme une personne démente. Mais aujourd'hui ça prend pas avec moi.

Alison, elle glapit. Reviens tout de suite. Tu peux pas t'en aller.

Alors je me rappelle ce truc que j'ai dans mon sac, c'est une espèce de carte de visite d'un organisme de lutte contre la drogue, que Jeannie m'a donnée à la blague un soir, en fait un matin, puisqu'on avait passé une nuit blanche – c'était quelqu'un du boulot qui la lui avait filée, mais alors là sans plaisanter le moins du monde. Alors j'ouvre mon sac, je commence par fouiller mon portefeuille, tous ces petits bouts de papier, de nappes ou des serviettes avec des numéros de téléphone de mecs et je retrouve ce truc qui dit, *Ta vie est un bordel ? Tu es au bout du rouleau ? Il te faudrait un coup de main ? S.O.S. 55 55 !*

Je fais, Didi, j'ai un cadeau pour toi. Et je lui donne la carte.

Elle lance, Alison, peau de vache, reviens tout de suite, alors que je suis justement en train de franchir le seuil.

Je viendrai te voir à l'hosto, je dis.

Didi ferait vraiment un bon dictateur pour pays du tiers monde. Il faut absolument qu'elle régente tout et soit au centre de l'attention. Si quelqu'un parle de quelque chose qui ne l'intéresse pas, elle hurle la barbe ! et change pour un sujet plus intéressant – elle, par exemple. Et elle arrive pourtant à s'en tirer. En partie parce qu'elle est vraiment canon. En partie parce qu'à la plupart des réunions, c'est toujours elle qui a le plus de sniff et elle s'en sert comme d'une carotte et d'un bâton. Elle s'installe par terre avec son grand sac blanc et laisse les gens baver pendant qu'elle prépare minutieusement des lignes ou parle et parle et parle comme si elle avait oublié ce sur quoi chacun se concentre sauf qu'elle n'a rien oublié du tout bien sûr. Seulement elle aime torturer les gens. Ça c'est le côté carotte. Si elle pense que vous en voulez, elle vous fait languir, comme chantent les Supremes (*She Keeps You Hanging On*). Mais à la fin de la soirée, quand on saigne du nez et qu'on meurt seulement d'envie de rentrer à la maison pour dormir, elle exige qu'on se tape des lignes énormes qui suffiraient à étouffer un aspirateur de chantier. Et quand on dit, pas question, Didi, faut que je me tire, elle s'indigne pour de bon et lance, après toute cette coke que je t'ai refilée gratos, tu vas me laisser tomber ?

L'histoire classique qui court à propos de Didi, c'est que pendant qu'elle baise, elle demande toujours à ses jules de zapper.

J'avais complètement oublié le Russe, qui est là dans son tacot depuis un bon quart d'heure. Je trouve ça vraiment moche, le pauvre mec a probablement eu son content de files d'attente en Russie quand il devait s'appuyer des queues incroyables pour quelques lires d'aliments avariés, tiens, quand j'y pense, ça fait plutôt penser à New York ça – mais, bref, il me faut des clopes, nécessité absolue, et je lui dis donc d'attendre encore deux minutes avant de me précipiter jusqu'à l'épicerie du coin.

Un paquet de Merit, je demande au vieux con qui est derrière le comptoir.

Rigide ? qu'il me fait en ricanant.

Vous savez bien que je les aime que comme ça.

Le vieux n'en peut plus. Il ne se lasse jamais de cette triste astuce.

En sortant de la boutique, je suis prise dans un épouvantable embouteillage de piétons d'âge scolaire. Horrible tas de gosses. Gnomes. Je manque me faire renverser par un gamin minuscule dont le T-shirt proclame *La réalité est une illusion produite par le manque d'alcool.*

Mais où était donc le planning familial quand on en avait vraiment besoin ? C'est une excellente question et je me remercie de me l'être posée.

Le chauffeur du tacot fait pas d'histoires. Il se régalait d'une espèce de musique folklo à la radio – un duel de balalaïkas ou un truc dans ce goût-là. On ne sait jamais combien de sortes de musiques différentes il y a au monde tant qu'on n'est pas venu à New York et qu'on ne s'est pas mis à prendre des taxis. C'est du genre, de chez toi à Trader Vic's, t'as de la musique cubaine, de Trader Vic's au Canal Bar, musique grecque dans le goût Zorba. Ragas indiens du Canal Bar jusque Chez Nel, hard rock scandinave de Chez Nel à l'appartement d'Émile. Ensuite c'est l'hymne national colombien.

Je lui demande si je peux fumer et il dit, pas problème. Et moi le truc, ce tacot devrait être classé monument historique, non, c'est le dernier à New York à ne pas posséder un écriteau « Défense de fumer ».

On file donc vers le centre ville avec ce Russe qui me raconte l'histoire de sa vie – la version courte. Je comprends pas tout, avec la musique, son accent et le reste, mais le point culminant de son histoire c'est la première fois qu'il a mis les pieds dans un supermarché américain après qu'il a fini par obtenir un visa de sortie pour quitter la mère patrie, à moins qu'on dise le père patrie ? Bref, mère patrie ou Vaterland, avoir la Russie pour parent d'après ce que me raconte ce mec, c'est la meilleure illustration de ma théorie : vaut mieux être orphelin. Et donc la première fois qu'il a mis les pieds dans nos bons vieux États-Unis d'Amérique, il est allé dans un supermarché de Brooklyn et n'en a pas cru ses yeux, tant de rayons d'alimentation et de trucs, mais là où il a complètement craqué c'est quand il a vu toute cette viande rouge sous emballage plastique et qu'il a interrogé son cousin – *Qui pour toute cette viande ?* (C'est comme ça qu'il dit) *C'être pour hauts fonctionnaires ?* qu'il fait et son cousin répond, *C'est pour n'importe qui veut.*

J'éclate sanglots sur-le-champ, dit le chauffeur, de penser comment merveilleux c'est, toute cette viande dans joli plastique pour tous les gens qui veulent.

Je sais pas moi, je suis sur le point de lui demander s'il y avait des soldes spéciales ce jour-là, viande gratuite pour les masses, mais j'ai un peu honte de mon cynisme et je me sens à la fois un peu coupable et touchée, vous savez, enfant gâtée que je suis, devant ce type qui peut fondre en larmes à la vue d'une côte de porc. Ça fait que, quand il me demande mon numéro de téléphone en me déposant, je le lui donne presque. Mais je me reprends, pardon, j'ai un petit ami, ce qui est assez vrai, dans le fond, en un sens, peut-être. J'espère. Mais j'aime bien ce type, il est chouette, alors je ne fais pas ce que je fais d'ordinaire dans ce cas-là, je ne lui refile pas le numéro de téléphone de S.O.S.

Cavaliers pour la nuit. Je lui dis seulement, qui sait, peut-être la prochaine fois.

J'ai d'abord cours de danse, et ensuite de voix. Le prof de voix se met en rogne contre moi parce que je ne me concentre pas. Je continue de parler du nez, ça c'est mon gros problème, et il dit, mais à quoi penses-tu ?

Je ne dis rien mais je pense à Dean. Et ça en un sens ça me colle les boules – une nuit avec ce type et il me distrait déjà de l'art dramatique. C'est une des raisons pour lesquelles je ne crois pas aux relations. La distraction, je m'en passe ! Mais ce n'est probablement que le manque de sommeil. La fatigue me rend toujours sentimentale. Comme quand j'ai une vraie gueule de bois, si j'ouvre la radio je peux me mettre à chialer en entendant les paroles d'une chanson débile, même si c'en est une que je déteste d'ailleurs. Ou alors, vous savez, après une vraie nuit difficile, je ramasse le *Post* pour lire l'histoire du héros qui a sauvé le petit chien de la noyade et j'ai envie de lui écrire pour lui offrir de l'épouser, de porter ses enfants, ou je ne sais trop quoi. Non, bien sûr, je n'en fais rien, mais j'y pense.

Si vous voulez connaître ma théorie sur le cerveau il est comme H_2O – il a toutes sortes d'états. Quand tu prends de l'exercice, que tu vas à tes cours, que tu te conduis en général comme une bonne petite fille, le cerveau est à l'état solide et prend les bonnes décisions. Mais quand tu es sortie toute la nuit et que tu t'es bousillée à coup d'alcool et de substances diverses, ou parfois même quand tu prends vraiment un grand pied, ta matière grise tourne à la gadoue et ton jugement devient de la merde. Tenez, c'est au point qu'au beau milieu d'un bon orgasme, on se liquéfie complètement et pendant les quelques minutes qui suivent on pense à l'amour, au mariage et à d'autres mythes très anciens du même acabit.

Le cours de voix se termine enfin et je vais au cours de jeu qui est en général mon point fort. L'exercice des sens pour la semaine porte sur les goûts tranchés. Rob, notre prof, y va d'abord d'un petit speech introductif disant qu'il faut qu'on ressente vraiment ce goût et que si quelqu'un nous regardait, disons, de l'autre bout d'une salle de restaurant, il devrait lui être évident que nous sommes en train d'éprouver cette très forte sensation gustative. Alors je me décide pour les piments oiseaux. J'adore la bouffe mexicaine, surtout très relevée. Je demande toujours un supplément de piment. Il m'arrive de penser que je dois souffrir de je ne sais quelle carence chimique, une déficience que seule la bouffe mexicaine peut compenser. Pour ne rien dire des Margaritas. Le hic, c'est qu'avec les Margaritas glacées, on sait où on commence mais on ne sait pas où on finit et encore moins avec qui.

Je me mets donc à penser aux piments et tous les autres membres du cours s'embarquent chacun dans leur truc pendant que le prof circule parmi nous pour vérifier. Au bout de dix minutes je m'emmerde vraiment à en crever. Mes joues me font mal et j'ai l'impression que mes yeux vont moisir à force d'être larmoyants. Le prof demande à Burt, mon voisin, ce qu'il est en train de goûter et il dit, du gorgonzola.

Je ne vois pas, dit Rob.

Et Dieu merci, moi je ne le sens pas, que je fais.

Et Rob, Alison si tu te concentrais tu n'aurais même pas entendu ma remarque. C'est vrai.

À la fin il se rend compte que l'exercice sensoriel commence à nous emmerder tous et il dit qu'on va essayer quelque chose de psychologique en plus et ça c'est chouette, parce que c'est là que ça devient intéressant.

Par exemple, dit-il, pensez à quelque chose de bien que vous avez fait pour quelqu'un d'autre et qui vous a fait vous sentir bien vous-même. Et ajoutez ça à l'exercice sur le goût. Allez, les enfants, on se concentre, on descend le plus profondément possible, on se sert de son instrument.

L'instrument c'est toutes les aptitudes qu'on a pour l'art dramatique, toutes les connaissances, tous les talents réunis, le corps aussi, mais plus que le corps, ce n'est pas quelque chose de réel mais plutôt un concept, pour ainsi dire. Bref, j'y réfléchis environ une minute et je manque de craquer. Quelque chose de bien qu'on a fait pour quelqu'un… et qui ait du goût.

On m'a dit plus tard qu'au bout de deux minutes le prof s'était mis à me regarder, qu'il avait très vite dit à tous les autres d'arrêter ce qu'ils faisaient pour me regarder aussi. Je sais pas, j'étais partie dans un monde à moi, je jouais la comédie. Je fais quelque chose de vrai, je sais que pour une fois je ne truque pas, je ne fais pas semblant. Et même s'il s'agit de jouer quelque chose que je ne suis pas en train d'éprouver pour de bon, c'est d'une honnêteté absolue, ma réaction, les sensations que j'éprouve, et je suis complètement dans ma propre réalité, c'est comme un rêve, vous voyez, ou comme monter quand on sent presque qu'on forme avec le cheval un seul animal, quand on emmène son meilleur sauteur sur un parcours difficile et qu'on franchit tous les obstacles à la perfection…

Quelque chose de bien que j'avais fait pour quelqu'un… qui ait du goût. Je combinais ces deux sensations incroyables. Et je savais que je n'avais jamais rien fait de mieux. Cela me menait là où je n'étais encore jamais allée. Et quand j'ai fini par en sortir, tout le monde me regardait.

C'était merveilleux, a dit le prof. Très très bon. Tu étais complètement accordée à ton instrument. Dis-nous quel était l'élément sensoriel, Alison.

Les piments mexicains, je lui réponds.

Et, fait-il, l'élément psychologique ?

Vous voulez vraiment le savoir ?

Oui, bien sûr, qu'il fait.

Eh ben, je pensais que j'étais en train de faire une pipe à mon mec.

Là tout le monde craque.

Et je pense, mon mec ? Pourquoi j'ai dit mon mec ? Qu'est-ce qui me prend ? Je suis excitée à mort. Je sais que ça passera et donc je ne m'en fais pas trop mais en même temps voilà que j'arrive à en tirer cette incroyable expérience d'art dramatique. J'ai pigé vraiment très tôt que tout le mauvais – tous les trucs merdeux qui nous arrivent – nourrit notre travail. Enfin, le prof dit que plus on a de malheurs meilleur c'est pour l'art, et moi du tac au tac – alors là, je pourrais vraiment être un génie ! Mais bref, c'est la première fois que j'ai réussi à ce que quelque chose de vraiment jouissif soit utile à mon art – si l'on veut bien pardonner cette grandiloquence.

Quand les rires retombent, mon prof demande, tu pensais à un cas particulier, ou en général ?

Particulier, je fais. Très particulier. À vrai dire ça date de ce matin.

Alors ça ça les achève.

Et puis on passe au jeu. Je suis heureuse qu'il ait aimé mon exercice de mémoire sensorielle parce que je n'ai rien de prêt à interpréter. Heureusement qu'il y a quelques jeunes volontaires qui ne demandent pas mieux que de faire étalage de leur talent. Je sais pas, il faut être un peu maso pour suivre ce cours, parce que Rob est assez brutal. D'abord cette nana, Janet, qui écrivait ses propres scènes jusqu'à ce que Rob le lui interdise. Ç'avait été assez horrible. Elle se lève et dit qu'elle va jouer Blanche, d'*Un tramway nommé désir*.

Pas la bonté des inconnus, lance Rob. Je croyais avoir dit que je ne voulais plus que personne me présente ce monologue, jamais plus.

Cette pauvre Janet est debout au milieu de la classe d'un air qui semble dire – mais bon sang pourquoi est-ce qu'il me déteste ? Et moi, sur ma petite chaise d'écolière branlante, je me sens vachement bien et en sécurité et je me dis, j'aimerais pas être à ta place, Janet.

Rob pousse un soupir et dit à Janet d'y aller, ce qu'elle fait, bla-bla-bla-bla-bla, vraiment à chier – qu'on nous rende Vivien Leigh, quoi.

Pour finir Rob gueule, elle est au grenier.

Je ne sais pas ce que ça veut dire mais il vocifère toujours ça quand il déteste vraiment quelque chose. Il nous racontera l'histoire un jour, du moins c'est ce qu'il dit.

Janet demande, tu veux que je m'arrête ?

Oh oui, je t'en prie, dit Rob. Puis il se lance dans un truc où il déchire vraiment ce qu'elle a fait en tout petits morceaux, la démolit puis continue en parlant de sa vie sexuelle – Rob aurait dû être psychothérapeute. Tu viens de rompre avec ton mec, pas vrai ? hurle Rob. Janet glapit que oui et se met à chialer. Il attaque vraiment personnellement les gens dans ses critiques. Les rôles que nous choisissons et notre manière de les jouer dévoilent beaucoup de choses sur nous, dit Rob.

Et tandis que je suis censée l'écouter avec attention, je me demande ce que Dean peut bien faire, s'il pense à moi. Puis je me dis qu'il se pourrait que je doive aller baiser avec quelqu'un d'autre, ou un truc du même genre, pour me remettre un peu les yeux en face des trous.

4

Action ou vérité

Après le cours je passe au salon de bronzage. J'espère que Marc y sera parce que je suis complètement fauchée et que j'ai utilisé mon dernier ticket voilà quelques jours. Heureusement c'est Marc qui est derrière le comptoir mais il faut qu'il m'emmerde d'abord quelque temps en disant que si son patron le surprend à distribuer des bronzages gratuits il le flanquera à la porte. Et il faut que je lui rappelle certains services que je lui ai rendus pour qu'il me donne ma couchette habituelle, mais je dois attendre cinq minutes de sorte que je décide d'appeler Francesca depuis la cabine après avoir emprunté de la monnaie à Marc.

Alison, qu'il fait, t'as jamais songé à prendre un boulot ?

Non, pas vraiment. Et toi ?

Moi, j'ai un boulot.

Alors moi je fais, ah, parce que tu appelles ça travailler ?

Si j'en avais quoi que ce soit à secouer de ce que Marc pense je pourrais lui dire que j'ai eu un boulot une fois. J'ai été serveuse pendant trois secondes environ. Je sais pas, c'était assez terrible, ces hommes d'affaires qui croyaient que le prix du filet béarnaise comprenait la main au cul et le directeur qui voulait coucher avec moi, plus le fait que les autres serveuses m'avaient pas vraiment à la bonne parce que le resto appartenait au père de Jeannie. Désolée, je n'ai pas été élevée pour le travail. Je veux dire, prenez un chat d'appartement. Nourri de saumon fumé et qui passe toute sa vie dans les flaques de soleil – si vous le flanquez dehors, vous ne pouvez décemment pas vous attendre à ce qu'il se mette tout de suite à trouver sa nourriture et à se battre comme un matou de gouttière. Je crois que je devrais monter une clinique pour ex-nanas riches. Aide aux debs dans la dèche.

Francesca décroche à la deuxième sonnerie. Dis-moi tout, qu'elle fait. Je veux tout savoir sur Dean. Il me faut des détails. Longueur et largeur, tout le tremblement. T'as suivi mon conseil ?

Francesca adore multiplier les questions, principalement parce qu'elle déteste s'interrompre, elle a une certaine terreur du moment où elle devra laisser quelqu'un d'autre parler, à la manière des enfants qui redoutent le moment où quelqu'un s'apercevra que l'heure est venue pour eux d'aller se coucher. Je sais pas, ça paraît trop négatif, ce que c'est en réalité, c'est qu'elle ressemble à une force de la nature, les chutes du Niagara, ou un truc de ce genre.

Je l'ai suivi.

Alors elle, tout de suite, raconte-moi tout.

Et moi, je ne vais pas tout te raconter. C'était bon, c'était géant, il me plaît. Je suis excitée. Et elle fait, je n'arrive pas à croire que tu ne vas pas me raconter jusqu'au plus petit détail à moi ta meilleure amie qui me suis fait un sang d'encre. Tu peux au moins me dire sa taille.

Et je fais, grosse.

Et elle fait, oh, mon Dieu, laisse-moi m'asseoir, la tête me tourne, il y a si longtemps que j'ai pas baisé que cinq centimètres pour moi c'est gros. Dix centimètres c'est la batte de base-ball. C'est pas juste, déjà qu'il faut que je vive par procuration grâce à ta vie sexuelle à toi, si en plus tu me caches tout. Dis-donc, tu connais Bobby Cayman ? Le brun, là, très très brun, avec un visage buriné, qui a toujours l'air de descendre de sa Harley Davidson ? Je suis tombée sur lui chez Nel après que tu t'es tirée avec l'autre tronche, et c'est vraiment le voyou complet.

Laisse tomber, je lui dis. C'était un junkie.

Et merde, pourquoi faut-il toujours que je tombe sur des types dans la catégorie à risques ?

C'est vrai. On dirait que Francesca n'aime que des types qui ont des allures de guitaristes hard rock ou de motards, de vraies bêtes en cuir avec des traces d'aiguilles, une histoire sexuelle douteuse, le genre de mecs qui sont, comment Dean a dit déjà ? – des boîtes de Pétri ambulantes pour les M.S.T. Francesca se ferait baiser beaucoup plus souvent si elle n'avait pas des goûts aussi étroits. Ça, pour choisir, elle choisit, mais elle choisit mal. Jamais une mère ne verrait un gendre potentiel dans le genre de mecs qui a la préférence de Francesca. Il m'arrive de penser qu'elle regarde un type et se dit, Oh, bordel ! En voilà un qui ferait vraiment horreur à ma mère, comme jules !

Tu peux pas savoir ce que c'était déprimant chez Nel, hier soir, dit Francesca. Pas une seule célébrité. Et en plus j'ai appris que Mick et Jerry avaient justement organisé un dîner – encore un – auquel je n'étais pas invitée. Tu vois j'en veux salement à Caroline, parce qu'elle les connaît pour ainsi dire vraiment bien et que d'ailleurs elle y était hier soir et qu'elle refuse encore de me les présenter. J'ai dit que c'était son but dans la vie à Francesca, non ? Se faire inviter chez Mick Jagger pour dîner. Je sais plus quelle raison elle aurait de vivre si cette invitation lui arrivait un jour. Elle me rebat les oreilles de ce dîner auquel elle était pas invitée pendant que je songe que je devrais me faire faire la bande du maillot, sauf que j'ai pas un rond. J'ajoute que je raffole pas de ce genre de douleur. C'est pas facile de me faire monter les larmes aux yeux mais c'te bonne vieille bande du maillot y arrive à tous les coups. L'épilation des aisselles est quand même la pire. Des endroits où on devrait distribuer gratuitement analgésiques et tranquillisants.

Marc m'apprend que ma couchette est prête et je dis donc à Francesca qu'il faut que j'y aille et que je la rappellerai quand j'aurai fini de bronzer. Puis j'appelle Jeannie en P.C.V. au boulot.

T'as un peu dormi ? je lui demande.

À peine, elle me fait, et puis elle me tire toute l'histoire de Dean. Pour finir je lui demande si elle a pris les messages et elle dit que non alors je le fais et j'entends de nouveau la voix de Francesca, plus un dingue du nom de Mannie qui cherche Rebecca, à l'entendre il est dérangé, pas stable du tout le mec, il y a toujours des dingues pour chercher Rebecca. Mais pas de Dean.

Quand on était allées à L.A. l'été dernier, Francesca et moi, on avait entendu à la radio un truc, une espèce d'index, de la qualité de l'air. On était censées chercher des boulots, vu ? On avait une petite baraque à Santa Monica dans la Deuxième rue, en plein quartier des noctambules – mais qu'est-ce que je disais ? Ah oui, il y avait une station radio qu'on écoutait et entre Madonna et les Beastie Boys, le D.J. se mettait à dire – l'air est vraiment dégueulasse aujourd'hui, ne mettez pas les pieds dehors à moins d'y être absolument obligés – des trucs dans ce goût-là. Madonna je peux pas la saquer, mais c'est une autre histoire. Bref, en retournant à mon appart je pensais à l'index de la qualité de l'air… ne mettez pas les pieds à l'intérieur à moins d'y être absolument obligés. Smog impénétrable, oxyde de carbone et odeurs corporelles. Enfin, ça n'est jamais précisément une roseraie mais là c'est trop. Rebecca et Didi sont vraiment dégueu, c'est tout ce que je peux dire. Faut que j'ouvre toutes les fenêtres et que je fasse fonctionner le ventilo à l'intérieur du climatiseur. Je ne veux même pas penser à m'occuper des cendriers. Si j'avais acheté des actions de Phillip Morris hier soir, je serais probablement riche aujourd'hui.

Alors je dégage une petite place sur le lit et je m'étends avec mon script plus ou moins pour une demi-heure mais voilà-t-y pas que le téléphone sonne et que je m'étais endormie et que j'entends mon message – Salut, ici Alison. Jeannie et moi on n'est pas là, mais dites-nous quoi, on rappellera.

Je décroche et c'est Dean.

Il fait, et comment va ma petite nana postmoderne ?

Je suis complètement pétée, je fais.

Par définition, qu'il fait. Et alors qu'est-ce que tu fabriques ?

Je crois que je devais être en train de rêver, un rêve érotique, que je lui dis, parce que c'est en train de me revenir.

J'étais dedans ? qu'il fait, et moi je me dis que pour un garçon intelligent, il a des répliques assez prévisibles. Je pourrais mentir, bien sûr, et dire qu'il y était, mais c'est vrai que j'éprouve fortement le besoin d'être toujours honnête quoi qu'il arrive. C'est mon code personnel, fondamental – toujours faire ce qu'on sera prêt à reconnaître et toujours dire la vérité. Et pourtant, y a eu ce truc avec Skip, je lui ai fait croire que j'étais enceinte et ça me tarabuste. C'est la première fois depuis des années que j'ai menti si je me rappelle bien. Mais il s'agissait de survie, pas vrai ? Et de vengeance, la vengeance qui est la meilleure amie des nanas.

Alors quand Dean veut savoir s'il figure dans mon rêve à la con, je lui fais, j'en suis pas sûre, parce que je ne le suis pas. Je crois que ce n'était personne en particulier, peut-être qu'en me rendormant sur-le-champ je pourrais le découvrir. Mais je vois bien qu'il est plutôt vexé que c'était pas lui dans mon rêve. Non, mais, quel bébé ! Alors je lui parle de mon exercice de mémoire des sens, que je devais penser à quelque chose de bien que j'avais fait pour quelqu'un…

Et tu as dit ça devant tout le monde ?

Ben oui, quoi, pourquoi pas ?

Il continue, tu ne leur as pas dit mon nom, quand même ?

Bien sûr que non, je fais. Comme si ça signifiait quelque chose pour eux de toute façon. Dean, le célèbre agent de change.

Dean n'arrête pas de répéter qu'il n'arrive pas à croire que je l'ai dit publiquement. Mais vous voyez, je pense qu'en secret il est flatté.

Pour finir il me demande si j'ai envie d'aller dîner et je dis, absolument et il demande si j'ai une préférence et je réponds mexicain, je sais pas, j'ai ce soudain désir de sauce piquante et de Margaritas. J'adore cette bouffe épicée. Ça doit être le sang du Sud qui coule dans mes veines, est-ce que je vous ai dit que maman est de Géorgie ? En tous cas Dean dit que ça roule et qu'il connaît un endroit.

T'es sûr que ça va ? je fais. Le truc c'est que je me demande soudain s'il n'avait pas un grand projet que je lui aurais gâché. La dernière fois que je suis vraiment sortie, le vrai rendez-vous et tout, le mec avait envoyé une limousine et on avait mangé chez Le Bernardin. Il avait flippé parce que je voulais seulement une salade alors qu'il s'était donné tant de mal et j'imagine qu'il avait dû avoir des visions de nous deux nous nourrissant mutuellement d'huîtres et d'escargots et échangeant des cochoncetés par-dessus les viandes comme Albert Finney et cette pépée, là, dans *Tom Jones*. Mais de mon côté, j'estimais en avoir fait assez en passant cinq heures à me maquiller, en empruntant une robe du soir d'Alaïa à Didi et les boucles d'oreille d'émeraude de Jeannie. D'accord, une salade c'est pas très sexy, mais c'est le résultat qui compte, non ? Et une nana qui se ferait inviter avec une certaine régularité et qui enfournerait le pâté et le tournedos et la mousse finirait forcément par tuer la poule aux œufs d'or, vous pigez ? Je sais, je sais, y a des fétichistes qui exposent dans des lettres à *Penthouse* leurs fantasmes pour les grosses, mais faut voir les choses en face… enfin, quoi, Alaïa ne fait pas ces petites robes sexy en 44-46. Ce qui je dois dire est le problème de Francesca. Cette nana adore bouffer autant que j'adore… oui, ben contentons-nous de dire autant que Didi adore la coke, puisqu'on parle d'intoxication. C'est plutôt rigolo qu'elles soient copines, ces deux-là, quand j'y pense. Ça fait dans les huit mois environ que Didi n'a rien avalé et Francesca n'arrête pas une seconde. Aller au restaurant avec ces deux-là c'est vraiment une expérience bizarroïde. Didi saute sur ses pattes toutes les trois minutes pour foncer aux toilettes et Francesca engueule la serveuse pour qu'elle rapporte du pain. Et du beurre. Heureusement ça n'arrive pas trop souvent parce qu'il est vraiment rare que Didi parvienne à rassembler suffisamment de courage pour se montrer où que ce soit.

Enfin bref, je parle de projet de dîner, c'est ça ? Et puis je suis soudain inquiète à l'idée que Dean avait une bonne grosse idée romanesque que j'aurais pu gâcher, mais il dit mexicain très bien, pas la peine de s'habiller et qu'il viendra à huit heures et demie.

Jeannie rentre quelques minutes plus tard. Elle se jette sur le lit en disant bon sang, je suis impatiente d'être mariée. Laisser tomber le boulot et traîner à la maison toute la journée.

Jeannie est fiancée à un certain Frank Salton, qui est prof de tennis à Hilton Head. Elle prend l'avion pour aller le voir tous les week-ends, c'est la principale raison pour laquelle elle doit avoir un emploi – en y ajoutant quelques autres mauvaises habitudes – car la somme que lui allouent ses parents ne couvre que le loyer et une ou deux robes par semaine. J'étais sur le point de mentionner la bouffe mais Jeannie ne mange pas vraiment. Ils sont censés se marier à l'automne. Je sais pas. Frank est un type correct – je le sais, parce que c'est moi qui l'ai présenté à Jeannie. D'ailleurs ça pose un peu problème, ça. Je suis sortie avec lui avant Jeannie. Pendant cinq bonnes minutes. Mais tout de même. Quoi qu'il en soit, elle pourrait trouver mieux ça ne fait aucun doute. Frank a un corps pas mal mais c'est vraiment pas une lumière. Le genre qui s'est cassé l'index un jour et n'a pas pu lire pendant six semaines, vous voyez ? Il a dû rater les bandes dessinées du dimanche dans le journal jusqu'à ce qu'on lui ait ôté son plâtre. Sans compter que Jeannie a l'habitude d'avoir un tas de fric et que Frank n'en gagnera jamais des tonnes. Il ne s'agit pas d'être snob. Je ne crois pas que ce soit une raison pour ne pas se marier mais c'est quand même assez débile, si vous voulez mon avis, de faire comme si ces choses-là ne changeaient rien à rien.

Tu n'as jamais simplement envie que quelqu'un s'occupe de toi ? dit Jeannie.

Et moi, ah j'aimerais bien avoir une bonne si c'est ça que tu veux dire.

Tu sais très bien ce que je veux dire, elle fait.

Je m'emmerderais, je dis. Toujours le même mec avec moi tout le temps.

Pas moi, dit Jeannie. Je meurs d'impatience. Je resterai assise à la maison à regarder les feuilletons débiles en mangeant des bonbons, je préparerai le dîner – le tableau complet.

Et je lui balance, depuis quand tu fais la cuisine ?

Je peux apprendre, dit-elle.

Tu ferais mieux. Avec le salaire de Frank je crois pas que vous pourrez vous offrir une cuisinière.

Oh, va te faire foutre, Alison, qu'elle dit.

Oh, eh, j'essaie seulement d'être réaliste, hein ?

Non mais des fois. J'essaie de lui montrer ce qu'est la vie ! Eh, réveille-toi petite !

Et donc Dean passe me prendre, tout beau et décontracté et sexy en pantalon de toile et pull de coton. Alors qu'elle ne sort pas, Jeannie s'est brossé les cheveux et retouché les yeux avant qu'il ne s'amène. Elle le regarde d'une manière je vous dis pas et je sais bien à quoi elle pense. Ça la tue que je sois sortie avec Frank, alors elle se paie une attirance physique franchement craignos pour tous les types avec lesquels je sors mais je pense qu'elle s'en rend même pas compte. Je crois qu'elle aimerait coucher avec tous mes jules. En partie c'est un fantasme de vengeance mais c'est aussi parce qu'elle m'aime, me respecte et est en sympathie totale avec moi, vous voyez, et donc aime automatiquement tous ceux qui passent mon processus de sélection. Ça me fait penser à ma sœur Carol, qui n'aimait jamais les vêtements qu'elle s'achetait pour elle-même et voulait seulement porter ceux qui sortaient de ma penderie. C'est un compliment au fond. Avec Jeannie c'est plutôt du genre on partage pulls, chaussures et robes, alors pourquoi pas les mecs ? Du moins me dis-je que c'est ce qui doit lui passer par la tête quand elle se met à flirter avec mes types, même si ce n'est pas conscient. Ce serait une idée géniale de partager un amant avec quelqu'un qu'on aime. Mais quand même un peu trop bizarre, non ?

Est-ce que je vous ai parlé de Jeannie et Alex, mon ex ? Quelque part tout au fond de l'esprit de Jeannie flotte un doute sur le mariage et le bonheur domestique avec Frank, une espèce de petit nuage qui se promène – tenez, figurez-vous un ciel parfaitement clair. Ça ne doit pas être une mauvaise image de l'esprit de Jeannie – je l'adore mais je la laisserais pas passer mes examens pour moi. Bref, y a cette petite chose qui dure depuis un certain temps entre Alex et elle au téléphone, c'est moi qu'il appelle mais de temps en temps c'est elle qui décroche, ou alors je ne suis pas à la maison, et ils ont peu à peu mis au point ce flirt incroyable, ils parlent de sexe et s'excitent mutuellement, des gens qui ne se sont même pas rencontrés ! De toute façon je vous ai parlé de Jeannie et de mes jules. En un sens, je suis plutôt irritée mais d'un autre côté, je me dis, au poil, j'espère que Jeannie couchera avec Alex parce que si elle le fait elle aura du mal à se réconcilier avec l'idée d'une vie entière à coucher seulement avec Frank, qui n'est pas exactement Valentino au pieu. Je crois que ça lui ferait du bien, et puis cette idée de mariage est quand même assez ringarde…

Alors Dean et moi on est donc dans cet endroit super agité de la Deuxième avenue où s'entassent des gringos bien habillés que les Margaritas ramollissent et rendent rêveurs.

Il a du succès, ton resto, je dis.

Dean dit, ce sont tous des banquiers qui essaient d'améliorer la balance des paiements avec le Mexique pour assurer le remboursement de la dette. Je ne vois aucun autre moyen d'expliquer l'extraordinaire succès des restos du tiers monde dans l'Upper East Side.

La plupart auraient effectivement besoin d'épices, je dis. Non que Dean soit exactement le portrait du barbare échevelé lui-même. Les chaussettes écossaises semblent bien constituer son idée de l'extrême sauvagerie. Mais il n'y a rien à redire, j'aime les mecs classiques, jamais je ne sortirais avec quelqu'un d'aussi irresponsable que moi. D'ailleurs la plupart des types que je connais ont des boulots importants et rattrapent le temps perdu quand ils ne sont pas au bureau. C'est le club des éclatés après les heures de bureau. On dirait que je les attire particulièrement tous ces garçons en costume de chez Paul Stuart avec des salaires à six chiffres et tous les feux de l'enfer.

Les garçons connaissent Dean et n'arrêtent pas de nous apporter des Margaritas gratuites ce qui fait que je suis vite dynamitée. D'ailleurs dynamitée n'est pas

le mot exact. Je suis surtout terriblem
C'est bien moi, ça, non ? Je veux dire, qu
tequila ? Et puis je me rappelle mon pe
qui fait brusquement de moi un être salei
paré.

Alors Dean, tu veux venir chez moi ?
sûr, mais tu sais que je reste essentiellem
cuit. Et lui dit que bon, y a pas que le sexe
Et moi d'accord mais j'espère que c'est
tout en haut de sa liste. Et là il se fend la pê

Et donc on rentre à la maison de De
phone est en train de sonner. Je sais pas
dis maison, c'est un appart. C'est comme
vivre à New York a jamais l'air vraimen
continue de considérer le monde comme
les gens habitent des maisons et vont en
qu'au centre commercial.

Une certaine Didi pour toi, fait Dean en me tendant le téléphone.

Didi vient d'acheter son stock pour la nuit et voudrait se ramener. J'en sais rien, moi, merde. Une ou deux lignes seraient évidemment chouettes, mais j'ai cours demain matin et puis c'est l'appartement de Dean, ça dépend pas vraiment de moi. Alors je dis, tu n'as pas vraiment envie que ma copine qui est très belle et complètement cinglée vienne remuer son joli petit cul chez toi en te bourrant les narines de médicaments que tu trouveras pas sur une ordonnance, hein ?

Et il dit, mon Dieu ça a l'air épouvantable, demande-lui dans combien de temps elle peut être ici, et moi j'insiste, tu es sûr que ça ne te dérange pas ? et il fait mais non voyons et je me dis, bon, j'ai essayé, hein ? Mais juste comme ça par sécurité je regarde ma montre

– il est un peu après onze heures – et je dis à Dean, à une heure on la fout à la porte, hein ? Ou même plus tôt.

Absolument, qu'il dit.

Mais brusquement Dean me fait, attends un peu, ce n'est pas Didi Spence, non ? Et hop il s'avère que Dean connaît le cousin de Didi, Phil. Et évidemment il a entendu raconter des trucs. Il ne doit pas y avoir une personne à New York qui n'ait pas entendu parler de Didi.

Écoute-moi bien, je lui fais, t'as pas intérêt à te mettre à baver devant Didi en ma présence.

Mais Alison qu'il me fait, je n'ai d'yeux que pour toi.

Et moi du tac au tac d'accord Dean, si tu crois que je te crois, j'ai de très jolis marécages en Floride que je te céderai pour un prix très avantageux.

Didi s'amène un peu après minuit.

À cette heure-là j'en suis évidemment à me ronger les ongles en espérant une ligne, vu ? Si elle avait pas téléphoné on s'en serait parfaitement passé. On est en train de regarder Johnny Carson, et moi je frictionne pour ainsi dire le dos de Dean. Ça doit être la nuit des boudins. Je n'en crois pas mes yeux quand je vois quelques-unes des soi-disant comédiennes qui font un malheur là, à vidéoland. On voit bien, quand elles sont en direct chez Johnny, que ces starlettes qui n'ont jamais été formées à la scène ne savent même pas parler. Évidemment quand on est dans une série, il y a moyen de faire cinq cents prises le temps qu'une de ces poupées gonflables qui a couché avec le producteur et qui sait tout juste marcher et parler essaie d'apprendre à dire Gesundheit ! Et bien sûr il y a toujours la solution de modifier le script et de dire à vos souhaits ! avec un souffleur qui donne les répliques mot par mot et un monteur qui coupe l'image juste avant qu'elle mette les doigts dans son nez. Je regrette, mais c'est sur scène que vivent et meurent les vrais acteurs, les vraies actrices. Pas de chiqué possible là-haut. La voilà bien la publicité qui n'est pas mensongère. Mon prof dit que jouer la comédie c'est en rapport avec la vérité, et je crois que j'ai fini par comprendre ce qu'il veut dire, on commence à comprendre ce que c'est que jouer la comédie pour de bon quand on voit cette merde truquée à la télé. Oh je ne dis pas que je refuserais un rôle dans un film ou même dans une série télé. Mais il y a un tas de nanas qui gagnent un paquet. Je supporte pas de voir Johnny racoler pour le dernier feuilleton à la noix de N.B.C. et on zappe donc pour le canal J pour aller voir un peu « Minuit sexy », une émission câblée toute en culs et en seins avec des caméras tenues à la main et des pubs pour des danseurs mondains… toutes choses qui font comme un grand souffle de fraîcheur et d'honnêteté après les affreux produits cosmétiques des chaînes nationales.

Et enfin la sonnette retentit au beau milieu de ce mélange de strip-tease et d'interviews. Didi entre avec la légèreté d'un papillon, vêtue des mêmes vêtements qu'elle portait avant d'aller se coucher cet après-midi et pourtant je vois bien que Dean la trouve très bien comme elle est. D'une seconde à l'autre, s'il n'y prend garde, la salive va lui dégouliner sur le menton. Parfois je me demande pourquoi toutes mes copines sont belles. Je dois être idiote.

Un miroir, qu'elle dit Didi, avant même d'avoir franchi le seuil.

Je connais votre cousin Phil, bavotte Dean. Didi l'ignore et va fermer les rideaux du living. Dean décroche une photo au mur, l'affiche encadrée d'une pièce intitulée *Zoo Story*, on dirait quelque chose qui serait à ma portée. Didi s'assied par terre devant la table basse et décharge une vraie montagne de coke.

J'en veux tellement à Whitney, dit-elle, en se lançant dans cette histoire d'une amie à nous qui est censée répandre des rumeurs sur elle. Je ne vois pas pourquoi Whitney aurait besoin de répandre des rumeurs sur Didi, la vérité est bien assez loufe. Dean est quand même un peu effaré. Cette poupée vient d'entrer chez lui et de prendre possession de son appartement comme un vrai chef d'État Major. Elle bat la came et la sépare interminablement jusqu'à ce que je sois à deux doigts de lui cogner sur la tête avec la lampe de cuivre. Dean roule un billet, essayant probablement de se rendre utile, mais je crois aussi qu'il commence à être gagné par l'impatience. Didi ne jette même pas un regard au billet de Dean. Je sais pas, elle est grossière, mais c'est aussi comme, comment dit-on déjà, un parachutiste, qui refuse que quiconque autre que lui-même plie son parachute. Didi connaît le rite et elle connaît son matos. C'est son boulot. Quand elle est prête, mais seulement quand elle est prête, elle roule elle-même son propre billet, sniffe deux lignes monstrueuses – ce que Didi appelle des lignes la plupart des gens appelle ça des grammes – puis elle nous torture encore quelques minutes, brandissant le billet roulé et l'agitant dans les airs en ajoutant quelques vacheries supplémentaires sur le compte de Whitney. Enfin cette affreuse enfant gâtée nous laisse faire joujou avec ses jouets et, pour la première fois, jette un coup d'œil circulaire.

C'est votre appart ? qu'elle demande à Dean.

Dean lève les yeux du miroir et fait oui de la tête avec une telle vigueur que j'ai peur qu'il se rompe le cou.

Proprio ou locataire ? demande Didi allumant une Merit.

Locataire, dit Dean.

La sonnette retentit et Didi fait, ça doit être Francesca. Et moi je réagis, dis donc, Didi, c'est quoi ce plan ? Et Didi fait, du calme. Dean va ouvrir et revient avec Francesca et Jeannie. Nous entendons évidemment la voix de Francesca avant même que Dean ait ouvert la porte et je suis sûre que c'est pareil pour les voisins. Et tiens, ma parole, Jeannie s'est mise sur son trente et un – intéressant, ça, non ? Il y a quelques heures elle était prête à aller se coucher et la voilà en collant noir et pull de cashmere. Et puis si on avait acheté des actions de Chanel avant qu'elle se mette au boulot sur son visage, on l'aurait pas regretté. Didi et moi on porte d'ordinaire des jambières sous une chemise, à la différence que moi j'en change tous les jours, mais Jeannie et Francesca ne mettraient jamais le pied dehors sans porter pour au moins mille dollars de tissu sur le cul. Jeannie cultive un look B.C.B.G. plein aux as, très classe dirigeante, blanche, et protestante, et Francesca, elle, s'est habillée comme à son ordinaire dans le genre poule de luxe – grosses paillettes d'or et décolleté – qui lui va d'ailleurs assez bien. J'entends par là que quand on n'est pas loin de faire quatre-vingt-dix grand bonnet, autant en tirer parti. Elle me serre spectaculairement sur son cœur tout en finissant le récit urgent au beau milieu duquel elle se trouvait et qui a quelque chose à voir avec un chanteur de rock. Prends une ligne, exige Didi. Tout le monde doit prendre une ligne.

Didi ne supporte pas, évidemment, que quelqu'un d'autre qu'elle puisse occuper la scène alors qu'elle a apporté la came. Sans compter que ça la défrise que Francesca ne se drogue pas – pour une fille comme Didi, la santé, physique et mentale, et la modération sont autant d'affronts personnels.

Jeannie ne se le fait pas dire deux fois et plonge.

Francesca l'ignore et dit, je suis vraiment embêtée, il y a une photo de moi dans *Women's Wear*, prise à la soirée de Nan Kempner, qui est affreuse mais alors affreuse, j'ai l'air énorme, la légende dit d'ailleurs, Francesca Green, plus connue sous le nom du bibendum casher et ici vêtue d'une tente canadienne en toile imperméable extraite du catalogue de Louis Vuiton. Je jure devant Dieu que c'est une description fidèle de ce dont j'ai l'air sur la photo. Il faut que je me mette au régime. Je me fais peur à moi-même, et Dieu sait que je ne m'effarouche pas facilement. Pas étonnant que personne ne m'ait baisée depuis le pensionnat. D'ailleurs, il n'y a pas non plus lourd de mecs qui vaudraient qu'on se donne du mal. Tous des cons. Je ne parle pas pour les présents bien sûr, rassure-toi mon petit Dean. N'est-ce pas qu'il est mignon ? (Elle va jusqu'à Dean et lui fait un gros câlin terminé par un gros baiser. Je peux pas m'empêcher d'éclater de rire.) Remarque, tu n'es pas mon type. Trop convenable. Je les aime durs et méchants. Je veux des guitar heroes et des garçons élevés dans la rue par des loups. Mon prince charmant moi c'est Attila. Au fait, je vous ai dit que j'avais rencontré David Lee Roth l'autre soir chez Raoul ? Je m'en ferais mourir…

Tu pourrais pas arrêter de bavasser et laisser parler quelqu'un d'autre pour changer ? demande Didi. Elle est occupée à tracer frénétiquement de nouvelles lignes, depuis que Jeannie s'est appuyée les quatre dernières. Jeannie qui s'est assise d'un air mutin sur le divan, jambes croisées, mains posées sur les genoux avec ses allures de pensionnat suisse, se concentrant tout entière à prendre la pose pour Dean alors qu'elle fait semblant d'écouter Francesca. Parfois je me dis que la seule qualité qu'on puisse trouver à la cocaïne, c'est qu'elle produit sur Jeannie l'effet inverse de celui qu'elle a sur le reste du monde : elle se ferme comme une huître pour le restant de la soirée, mâchoires serrées, et ça nous épargne son gazouillis séducteur.

Pendant ce temps-là, Dean, petit coq de village, jette les yeux dans toutes les directions. Je crois que ça le botte d'avoir cinq jeunes femmes dans son appartement, même s'il ne sait pas trop comment faire face à une quantité aussi massive d'œstrogènes dans l'atmosphère. Quand je le vois hocher du chef d'un air rayonnant à l'intention de Francesca, puis de Didi, je voudrais l'attraper par la peau du cul et l'emmener dans la chambre. Il a ses yeux en piscine dans lesquels on rêve de piquer une tête.

Vous êtes au courant pour Kristin ? demande Francesca.

Didi hurle, la barbe, la barbe. Elle fait comme ça, nouvelle règle. Défense de parler de sujets barbants.

Oh, toi, dit Francesca, la seule chose qui ne te barbe pas c'est de te droguer.

Je ne me drogue pas, répond Didi. Je consomme certaines drogues parce que je les adore. Les drogués ont une existence routinière qui est assommante.

On lève tous plus ou moins les yeux au plafond pendant que Didi plonge le nez vers le miroir. Même mon mec a l'air vaguement sceptique, et il n'y a pas une heure qu'il la connaît.

Je suis heureux de te l'entendre dire, qu'il fait, sinon j'aurais été contraint de te demander de partir sur-le-champ.

Je sais, fait Didi en remontant à la surface pour respirer.

Quoi ? je demande.

Action ou vérité, qu'elle dit ?

Oh, non, dit Jeannie.

On peut pas faire subir action ou vérité à Dean le premier soir, dit Francesca.

Alors Didi, c'est pas le premier soir. Alison l'a sucé, hier soir.

Merci de ne pas nous le laisser oublier, Didi. Je t'assure !

Pour Dean c'est le coup de soleil instantané. Et puis il demande, y aurait-il quoi que ce soit d'autre que vous désirez toutes savoir sur mon compte ? Je m'en voudrais de vous cacher quoi que ce soit.

Et Jeannie : est-ce que t'as un frère ?

Il secoue la tête, et puis il dit, c'est quoi action ou vérité ?

Je sais pas – j'ai mes doutes. Enfin quoi, je viens de le rencontrer, et action ou vérité peut être assez craignos. Sans compter que je voudrais être au pieu dans les dix minutes. Un coup d'œil à ma montre – en tout cas dans pas plus d'une demi-heure, c'est sûr.

Didi explique les règles. Faut y aller à fond, dit-elle. Tout le monde doit jurer au début de dire la vérité, sinon ça rime à rien. Quand ton tour arrive, tu dis soit action soit vérité. Si t'as dit vérité, tu dois répondre à la question qu'on te pose – quelle qu'elle soit. Et si t'as dit action, tu dois faire ce qu'on te met au défi de faire – n'importe quoi.

N'importe quoi ? demande Dean avec cette espèce de large sourire sur le visage.

Dans des limites raisonnables, dit Didi. Pas de violence physique et pas de contact sexuel, mais tout le reste.

Didi aime ce jeu parce que c'est une exhibitionniste, dit Francesca. Elle est impatiente de se foutre à poil.

Ta gueule, dit Didi, Alors, tout le monde se fait d'abord deux grosses lignes pour commencer. Ensuite ce sera moi la première.

Didi commence par moi, ce qui n'est pas étonnant.

Alison, qu'elle fait. Est-ce que tu as été physiquement attirée par Dean la première fois que tu l'as vu ?

Pour Didi, ça reste vachement civilisé. J'aurais plutôt préféré qu'elle me demande pas, mais il faut que je réponde par la négative. Et puis je lance un coup d'œil à Dean et j'ajoute, pas tout de suite, mais Didi agite le bras en disant, non, non, pas d'explications, pas d'excuses, une réponse simple par oui ou par non.

Et puis c'est mon tour. Alors je me tourne vers Jeannie et je lui dis action ou vérité et elle répond vérité, et donc je dis, est-ce que Dean t'attire physiquement ? Un peu parce que je veux qu'elle le reconnaisse et un peu parce que ça fera plaisir à Dean de l'entendre.

Jeannie fait oui de la tête. Dean sourit. Et c'est le tour de Jeannie. Elle demande à Francesca si elle a couché avec l'espèce de brute qui travaillait aux écuries de la fête foraine de Harrisburg et Francesca répond qu'ils sont bel et bien allés dans un motel et tout mais que le mec avait acheté une bouteille de tequila et qu'il s'était tellement pinté la gueule qu'il était tombé dans les pommes.

Et que Jeannie ait parlé de Harrisburg ça me rappelle l'expédition qu'on y avait faite pour aller voir Dangerous Dan, le grand voyage de la famille nucléaire tout entière, entassée dans un break, par l'autoroute comme des gens normaux. Papa était revenu pour la conciliation et moi j'en pinçais à mort pour ce canasson, Dangerous Dan, et voilà que papa avait décidé d'en faire une excursion familiale. Moi et Rebecca et Carol à babiller à l'arrière en jouant à des jeux sur les immatriculations, papa et maman devant, sérieusement courtois l'un vis-à-vis de l'autre. Ouille, ouille, ouille ! plus pervers que ça tu meurs – la famille américaine.

Bon, c'était notre quart d'heure de publicité, retour à nos studios avec action ou vérité, qui pour l'instant casse pas trois pattes à un canard. Je vois que Didi recommence déjà à s'agiter et prépare d'autres lignes. Francesca dit, Didi, action ou vérité, et quand Didi lève la tête, Cesca dit, et réponds pas action, parce que j'ai vraiment aucune envie de te voir à poil.

D'ac, qu'elle fait Didi, vérité.

Et Francesca lui demande si c'est elle qui est à l'origine de la rumeur qui court sur elle, Francesca, et qui est franchement trop compliquée et barbante pour que je vous l'explique, mais Didi répond que non ce n'était pas elle et Francesca dit qu'elle en est contente et alors Didi me regarde et je me dis, aïe, je vois les ennuis qui commencent, et elle fait, dis donc, Alison, de zéro à dix, quelle note donnes-tu à Skip Pendleton au pieu ?

Didi peut être une vraie salope, des fois. Elle sait vraiment semer la merde, ce qui est probablement la raison d'être de ce jeu, cogner là où ça fait mal, seulement je sais que Dean a l'épiderme plutôt délicat pour tout ce qui concerne Skip Pendleton. Mais qu'est-ce que j'y peux ? Je lui donnerais huit, je fais. Huit, huit et demi.

Dean fait la grimace mais attention, une fois que tu commences à mentir tu peux plus t'arrêter et moi ça je refuse un point c'est tout. Si j'avais pensé que Skip valait dix je l'aurais dit, mais comme ça, si un jour je dis à Dean qu'il vaut dix, ou que je l'aime, il saura que je dis la vérité.

C'est donc mon tour et j'attaque Dean, action ou vérité, il choisit la vérité et je lui demande, est-ce que ça t'a ennuyé, là, Skip Pendleton ?

Il y réfléchit un petit peu alors bien sûr je sais déjà ce que sera sa réponse et il finit par faire, ben oui, un petit peu.

Alors je vais jusqu'à lui et je lui fais un gros câlin en disant, pauvre petit chéri.

Et il dit, oh, pas vraiment.

Et Didi hurle, arrêtez ! pas de guimauve, vous trichez.

Et c'est donc le tour de Dean et je le vois jeter un coup d'œil circulaire et brusquement, clair comme de l'eau d'Evian, il est évident qu'il est en train de jauger le corps de Didi et de se demander si elle accepterait vraiment de se foutre à poil. Et moi, je me dis, je peux pas vraiment lui en vouloir, je l'ai sûrement blessé et vexé alors après tout, hein, et alors je dis, vas-y, Dean, demande à Didi.

Et Dean y va, Didi, action ou vérité ? Et Didi regarde autour d'elle de cet air vraiment très las, comme une vedette de cinéma à qui on demande encore un autographe, parce que d'ordinaire nous jouons à ce jeu en présence d'un tas de garçons qui n'arrêtent pas de mettre Didi au défi de se déshabiller. Et elle laisse tomber, très bien, action.

Dean se tourne vers moi et je hausse les épaules et lui fais signe d'y aller. Et il plisse entièrement le front en me coulant un regard qui signifie – vraiment ? Et je songe, ce qui risque de me foutre vraiment en rogne c'est qu'il ait envie de voir Didi à poil mais soit trop lavette pour le demander. S'il y a un truc que je hais, c'est la malhonnêteté. J'en deviens folle. Je hais les menteurs et les hypocrites. Et je suis pas fana fana des lavettes non plus.

Déshabille-toi, dit Dean.

Encore, dit Francesca. Je crois que je vais gerber.

C'est tout ? dit Didi. Tu pourrais au moins faire preuve d'un peu d'imagination.

Et Dean répond, c'est tout, ce qui rend toute l'affaire acceptable pour moi, le fait qu'il ne la laisse pas l'emmener où elle veut. Bien sûr, je suis un peu embêtée, mais heureuse de constater que c'est pas une lavette.

Alors Didi se fait une ligne de plus et puis se lève et dit où ? et Dean hausse les épaules et fait, là où tu es c'est très bien. Alors Didi enlève sa chemise et bien sûr elle ne porte pas de soutien-gorge, et même s'il m'en coûte je dois dire qu'elle a des seins d'un galbe parfait et puis elle ôte son jean qui ne recouvre évidemment nulle culotte, et moi je regarde Dean qui est impressionné ça ne fait aucun doute et ce n'est pas surprenant. Il a l'air vaguement gêné mais enfin il ne détourne pas les yeux non plus.

Didi fait, ta-daaa, comme si elle s'ennuyait à mourir, mais il faut bien dire qu'elle ne le ferait pas du tout si ça ne la faisait pas jouir quelque part.

Passons à autre chose, je vous en supplie, dit Francesca.

Didi remue les hanches, pirouette comme un mannequin dans un défilé puis fait, vu ?

Et Dean fait signe que oui, d'un air grave, comme si on venait de lui demander s'il était prêt à quitter le musée d'art moderne.

Didi se rhabille et au moins ça, c'est fini pour ce soir.

Francesca fait, c'est pas que je m'ennuie, les amis, mais je travaille, moi, demain matin.

Moi aussi, dit Jeannie. J'avais presque oublié qu'elle était là.

Et je regarde ma montre et il est deux heures et demie et je dis, moi itou, j'ai des cours, faut que je dorme un peu.

Personne ne s'en va, hurle Didi. Et puis quoi ? J'ai partagé tout mon sniff avec vous et maintenant que je ne suis plus qu'une épave frissonnante tout le monde me laisse tomber ? Pas question. Il faut que vous restiez tous un moment pour m'aider à redescendre.

De fait, j'y pense, je serais incapable de m'endormir maintenant. Je suis dans le genre épave frissonnante moi-même. Ça fait bien dix minutes que j'arpente la pièce en suçant cigarette sur cigarette et j'ai le cœur qui fait boum comme une grosse nana sur un trampoline.

Didi déverse encore un peu de sniff. Deux lignes par personne, qu'elle dit, et puis on prendra du valium.

Je veux pas les lignes, je fais. Seulement le valium.

Tut-tut-tut, elle dit. Deux lignes pour tout le monde. Y compris Francesca. C'est le règlement. Plus un tour d'action ou vérité. C'est à moi de jouer et j'ai bien gagné ma question.

Francesca fait, chuis d'acco-ord, pour le twist et le rock, chuis d'acco-ord, pour le ci-inéma, mais ne me demande pas… et tout le monde se fend la pêche.

Didi se gloutonne une ligne monstrueuse comme un aspirateur surpuissant et fait passer le miroir. Elle dit, mon tour de demander, taisez-vous tous. Elle se retourne vers Dean. Il choisit vérité. Elle lui dit, une question en deux parties. De zéro à dix, quelle note donnes-tu à mon corps et quelle note donnes-tu à celui d'Alison ? Et moi, dans ma tête, salope, va. Je te tuerai un de ces jours.

Quant à Dean il a l'air d'espérer qu'une guerre atomique va éclater dans les trente secondes qui suivent.

La vérité, insiste Didi.

Je peux pas prendre action ? demande Dean.

Personne ne veut voir ton corps, dit Didi.

Ah je ne dirais pas non, dit Francesca, et Jeannie, qui tente de faire fonctionner ses narines, dit, moi non plus.

Les règles c'est les règles, dit Didi. La vérité.

Dean laisse aller son regard de l'une à l'autre de nous deux et il finit par dire, je vous donne dans les neuf et demi à toutes les deux.

Lâche-moi, tu veux, dit Francesca.

La diplomatie est absolument contraire aux règles, fait Didi.

C'est alors que le téléphone sonne.

Dean se précipite. Une certaine Rebecca, annonce-t-il, veut parler à Alison ou à Didi.

Je prends l'appareil. Quoi encore ?

Rebecca dit, Alison, c'est toi ? Écoute, faut que tu m'aides. Il me faut cinq cents dollars très vite ou je vais me faire découper en rondelles.

5

À l'aune du tissu social

Nous voilà donc enfin couchés dans le lit de Dean, entamant notre descente au valium mais en grinçant tout de même des dents parce qu'il n'y avait que des cinq milligrammes et que Didi nous en a donné deux seulement. Épaves semi-frissonnantes. Encore une de ces soirées ! Je commence seulement à me haïr pour de bon parce que je sais que je ne serai pas en forme pour aller au cours demain et que Dean doit être au boulot dans une heure ou deux, le pauvre, mais je me dis, bah, c'était pour sauver la vie de Rebecca, pas vrai ? C'était un truc spécial. Pas comme si on avait fait la fête jusqu'à l'aube.

Soudain Dean fait, tu es fâchée contre moi ? Et je fais, à propos de quoi ?

Et il fait, ben que j'ai demandé à Didi de se déshabiller.

Je sais pas, je dis. Je devrais l'être ? Tu as envie de coucher avec elle ?

Non, il dit, pas du tout.

Vrai, je dis ?

Vraiment, il dit. Elle est trop bizarre. Je n'arrive pas à l'imaginer. C'est une harpie déguisée en ange.

C'est exactement ce qu'il dit, il parle comme ça, je ne vous raconte pas d'histoires.

Mais son corps t'a plu, je fais.

Ben ça oui, dit-il. Tu ne le comprends pas ?

Ce n'est pas pour ça que je suis fâchée, je lui dis. Mais je suis fâchée contre toi parce que tu as menti.

Quand est-ce que j'ai menti ? qu'il dit. Il s'assied dans le lit et me regarde avec de grands yeux battus de bébé chien. C'est vrai qu'il est mignon. Si seulement j'avais pas cette infection imbécile – je suis presque suffisamment redescendue pour pouvoir baiser.

Tu as menti, je dis, quand tu as donné la même note à mon corps qu'à celui de Didi.

Ce n'était pas un mensonge, il dit, mais il détourne les yeux quand il le dit.

Allons donc, je fais, tu peux me regarder dans les yeux et me dire que tu trouves mon corps aussi bien que le sien ?

Bien sûr, qu'il geint. Je t'assure que tu as un corps incroyable.

Je dis, mais pas aussi incroyable que le sien.

Mieux, il fait.

Et moi je lui balance, là, tu vas vraiment me mettre en colère.

Qu'est-ce que j'ai fait ? qu'il demande.

Tu n'es pas honnête, je dis. Tu penses une chose et t'en dis une autre.

Pas nécessairement, il dit.

Si, nécessairement, je lui dis.

Dans mon expérience, c'est un des gros problèmes avec les vieux, ils commencent à perdre leur spontanéité passée la trentaine, se mettent à dire ce qu'ils croient qu'on attend d'eux plutôt que ce qu'ils éprouvent, comme une manière de durcissement des artères. Un peu comme le fait qu'on est tous des fous furieux quand on est enfant. Et puis certains d'entre nous deviennent complètement classiques. Pas moi, c'est pour ça que je sais que je serai une grande actrice un jour. Je n'ai pas perdu tout contact avec l'enfant en moi.

Alison, fait Dean, de cette espèce de ton d'homme d'un certain âge, imaginons un instant qu'un type vient de faire la connaissance d'une fille qui lui plaît vraiment. Il s'agit d'une simple hypothèse, nous sommes bien d'accord ? Mais disons que peu de temps après qu'il a fait sa connaissance, et avant même qu'il n'ait appris à la connaître un peu mieux, quelqu'un lui demande, en présence de cette fille, qui est la plus jolie, elle ou, par exemple, son ex. Tu vois ? Est-ce que tu crois pas que le type serait le dernier des mufles si devant cette gentille nouvelle nana il disait qu'à côté de son ex, elle faisait penser à Lassie chien fidèle.

Et moi tac au tac, ah parce que tu trouves que je ressemble à Lassie chien fidèle, eh ?

Et Dean, Alison ! ce n'est qu'un exemple, j'ai fait exprès de choisir un exemple extrême.

Alors c'est ça ton ex est plus jolie que moi ? je dis.

Tout ce que je disais, dit-il, c'est que même si j'avais menti, et je n'ai pas menti – la vérité n'est pas toujours une vertu de bon aloi.

Et moi, une quoi ?

Une vertu de bon aloi, dit-il. Ça veut dire pure.

Pure ? je répète. Alors pas étonnant que j'en aie jamais entendu parler.

Et il dit, il y a des moments où il vaut mieux ne pas vexer les gens, laisser le tissu social intact.

Le tissu social ? je demande. Qu'est-ce que c'est que ce truc-là ? C'est du dacron, du tergal ou quoi ?

Non mais des fois, il croit à un truc aussi con ?

Ça ressemblerait plutôt à de la soie, qu'il dit. C'est quelque chose de délicat.

Inexistant, même, voilà ce que je dis, je réponds. On est tous des petits brins de charpie si tu me demandes mon avis.

Bravo, Alison, c'est très habile, qu'il fait en allant de nouveau chercher son ton le plus geignard d'adulte. Écoute, tout ce que je dis, c'est que les bonnes manières ont une raison d'être. La vérité sans fard n'est pas toujours ce qu'on a besoin d'entendre. La diplomatie est ce qui nous distingue des animaux.

Je suis en désaccord total, je dis. J'ai grandi entourée de menteurs et de tricheurs et je crois qu'il n'existe aucune excuse pour ne pas dire la vérité. Je veux pouvoir te faire confiance, mais si je pense que tu ne respectes pas la vérité, tu vois, je me tire. T'as un joli vocabulaire, mais moi le truc c'est que je tiens à l'honnêteté. Quel que soit ton sentiment tu devrais être capable de me le dire. Si tu trouves que Didi a un plus joli corps que le mien tu devrais le dire. Je suis capable de le supporter.

Dean dit, et si j'ai envie de coucher avec elle ?

Eh bien tu devrais. Ne te retiens surtout pas pour moi.

Tu ne parles pas sérieusement.

Et pas qu'un peu. J'espère que tu n'en as pas envie. Mais si oui, tu devrais le faire.

Il y a des choses qu'on ressent à partir desquelles on n'agit pas, dit Dean. Et d'autres qu'on ne veut dire à aucun prix. Tu crois que je devrais coucher avec toutes celles qui m'attirent ? Jusqu'où ça va cette honnêteté que tu prônes ?

Si j'ai envie de faire quelque chose, je le fais, je dis. Si j'éprouve quelque chose, je le dis. Autrement on n'est qu'un hypocrite.

Et il t'est déjà arrivé de vouloir tuer quelqu'un, Alison ?

Des tas de gens, je réponds.

Mais tu ne l'as pas fait, vrai ? Tu ne peux pas traduire en actes la totalité de tes impulsions.

Alors j'ajoute, pour certains, je regrette.

Dean se rallonge et je ne l'entends même plus respirer. Au bout de quelques minutes ça m'ennuie de le traiter si méchamment, surtout qu'il a été vachement bien quand il s'est agi d'aider Rebecca, alors je me retourne et je me blottis contre son épaule, et puis je lui embrasse l'oreille et pour finir il se penche et m'embrasse la bouche et puis une chose menant à une autre on tarde pas à se retrouver exactement là où on se trouvait la nuit précédente. C'est-à-dire que je ne suis plus qu'une machine désirante mais voilà que le téléphone sonne – je sais pas pourquoi Dean a oublié de débrancher ou de mettre le répondeur, peut-être que ses amis n'appellent pas à n'importe quelle heure. Moi je l'aurais laissé sonné mais lui il décroche et bien sûr c'est Rebecca. Je regarde le réveil il est 5 h 15.

Qu'est-ce que tu fais ? demande Rebecca.

Je prends le thé avec Lady Di, je réponds.

On est chez Didi on fait la fête, elle dit.

Pas possible ? je lui balance.

Elle dit, je voulais te demander quelque chose mais j'arrive plus à me rappeler ce que c'était.

J'entends Didi vociférer quelque chose à l'arrière-plan.

Et alors quoi de neuf de ton côté ? dit Rebecca.

Je finis par m'en débarrasser et je demande pardon à Dean. Il dit que ça ne fait rien et que faudrait peut-être penser à dormir un peu. Quelle idée originale ! Je lui conseille de débrancher le téléphone. Becca va rappeler dans cinq minutes quand elle se souviendra de ce qu'elle voulait me demander. Probablement le nom d'une petite voisine qui habitait la porte à côté de la nôtre ou un truc dans ce goût-là, il y a quinze ans. À moins qu'elle n'appelle d'un commissariat ou de l'aéroport ou de l'appartement d'un quelconque dealer décidé à la tuer comme la première fois qu'elle a appelé ce soir, ça doit faire dans les trois heures – on dirait qu'il y a des semaines.

Elle, il me faut cinq cents dollars très vite ou je vais me faire découper en rondelles.

Moi, eh ben dis donc, une blague ou quoi ? Rien ne saurait me surprendre venant de Rebecca, mais quand même, ça paraît un peu radical.

Alison, qu'elle fait, je te parle sérieusement.

Alors je prends l'adresse et puis Dean, Didi et moi on saute dans un tacot. Francesca nous donne soixante-dix dollars et Jeannie en a quarante. Dean en tire deux cents d'une billetterie et Didi cent, c'est tout ce qui lui reste. Et puis on va réveiller notre copine Whitney pour taper le distributeur de sa banque. Souvenir du bon vieux temps où on faisait les fonds de tiroir avant d'aller rendre visite à Émile– sauf que j'ai vraiment la frousse pour Rebecca et que je pense au mec qui est en train de la découper au couteau pendant que nous attendons la réponse de la saloperie d'ordinateur de la Chase Manhattan. *No más !*

On fonce donc jusqu'à Morningside Heights et Dean dit au chauffeur que plus vite il ira plus gros sera le pourboire et on finit par arriver à cette rue de petits immeubles de pierre de taille marron à demi en ruine et par trouver le bon numéro. Dean annonce son intention de monter seul, et je dis pas question, et Didi dit qu'elle ne va certainement pas rester toute seule dehors. Dean est tellement chouette, je veux dire, il ne connaît même pas Rebecca et il risque de se faire tuer.

Je lui suis vraiment reconnaissante et je dis que par la suite je lui ferai voir combien je sais me montrer reconnaissante et qu'en attendant c'est ma sœur et j'y vais aussi. Ensuite on s'engueule avec le chauffeur qui ne veut évidemment pas attendre. Dans ce quartier, il dit, ils vous cassent les vitres à coups de flingue. Dean lui refile un énorme pourliche en lui demandant de faire quatre ou cinq fois le tour du pâté de maisons pour nous avoir à l'œil. Et puis nous montons.

La porte de l'immeuble est déjà ouverte, dégondée, le hall d'entrée est plein de boîtes de bière et de flacons de crack. Quand nous montons l'escalier j'entends les flacons péter sous nos pieds, *cric-crac-plop*, comme autant de petites promesses rompues. Sur le palier du deuxième étage, nous frappons. Au bout d'un moment une voix fait oui et moi, c'est la sœur de Rebecca. Le type fait, vous avez la thune ? et je dis oui et alors la porte s'ouvre sur une chaîne de sécurité et des yeux viennent zieuter, des yeux tout noirs en tête d'épingle, et le mec fait, c'est qui tous ces gens ? Alors nous avons un grand débat à la porte et il dit qu'il veut voir l'argent et je dis que je veux voir Rebecca et pour finir elle vient à la porte et dit, fais-les entrer, bon sang, Mannie.

Et le mec ouvre la porte pour nous faire entrer. Il brandit un couteau, on peut dire qu'il le pointe contre nous en général, mais ça ne donne pas l'impression qu'il saurait vraiment quoi en faire si on en arrivait là. Il a l'air effrayé et docile. Il peut avoir mon âge, il est petit et maigrichon, à peu près le gabarit de Prince, avec la même moustache ridicule, pas mal de sa personne, d'ailleurs.

Mais pose donc cette imbécillité de couteau, bon sang, dit Rebecca. Ils ont apporté la thune. Elle est en train de boire une bière, elle porte un maillot Danskin rouge, un short du genre interdit aux moins de treize ans et des Reebok. On dirait qu'elle est prête pour une séance d'aérobic, les cheveux tirés en queue de cheval. Je sais pas, moi, je m'attendais à la trouver ligotée ou… c'est plutôt décevant.

Dean remet l'argent à Becca qui le remet à ce type Mannie qui le fourre dans sa poche et replie son couteau. Sans savoir pourquoi je me sens prise de pitié pour lui. Il a l'air si effrayé et si isolé tout seul d'un côté de la pièce face à nous tous dans l'autre.

On avait un accord, qu'il dit. Elle me devait cet argent en tout bien tout honneur. Elle est venue la semaine dernière. Je lui ai fait confiance pour le blé.

Tu m'avais dit que j'aurais pas besoin de payer.

C'était différent, dit Mannie.

Différent de quoi ? demande Rebecca. Tu croyais que t'allais me baiser.

Mannie fixe les yeux sur le plancher. On avait un accord, geint-il.

Becca dit, tirons-nous, puis du même souffle, elle ajoute, si vous avez encore cent billets vous autres on peut se faire un huitième pour la route. Moi il me reste cinquante.

Rebecca, telle qu'en elle-même.

Bonne idée, dit Didi.

Alors je sais pas, ça a été dur de faire raconter l'histoire par Rebecca. Elle disait qu'elle avait rencontré ce type la semaine précédente au China Club et qu'il lui avait donné quelques grammes et son numéro de téléphone, et puis quand elle était montée chez lui pour en prendre plus il avait exigé cinq cents dollars.

Je ne sais pas quoi croire, franchement. Le petit Mannie s'est excusé comme un fou quand on a pris congé. Puis il a demandé à Becca de bien vouloir l'appeler s'il te plaît, pleurant presque. Je ne comprends pas ce qui les attire – dealers, banquiers, elle les transforme tous en idiots bafouillants.

Est-ce que quelqu'un d'autre a pensé qu'il ressemblait un peu à Prince ? je fais quand nous roulons de nouveau vers le centre.

Je trouvais qu'il ressemblait à Jésus, dit Rebecca.

Évidemment je dors pendant toute la durée de mes cours. Quand je finis par ouvrir les yeux assez longtemps pour être capable d'accommoder, il est presque deux heures et je me rappelle vaguement Dean qui se lève pour partir au bureau et moi qui attrape la zappette près du lit pour mettre *All My Children.* Le temps que je rassemble suffisamment mes esprits pour rentrer chez moi, il est trois heures trente.

Je m'apprête à prendre une douche parce que je pue la nuit blanche, quand je m'avise de prendre un bain pour m'offrir un orgasme de robinet. Après tout je n'ai rien eu du tout la nuit dernière. L'orgasme du robinet obéit tout à fait au même principe que l'orgasme du bidet, mais cul par-dessus tête. Quand nous étions enfants, il y avait des bidets dans toutes les salles de bain et vers l'âge de dix ans j'ai découvert par accident un des usages pour lesquels ils étaient bons. Après quoi j'ai pris l'habitude de passer des heures à chevaucher ces saloperies. Le taudis que nous louons n'est pas équipé d'un bidet, il faut donc que je me mette dans la baignoire et que je glisse vers l'avant, posant mes jambes écartées sur le mur de part et d'autre du robinet. Il ne reste plus qu'à ouvrir l'eau chaude et sourire. À vrai dire mieux vaut s'assurer de la bonne température de l'eau par avance si l'on veut éviter des chocs fort désagréables. C'est une erreur que j'ai commise quelquefois. Mais là, je règle l'eau à merveille et je jouis trois fois avant de penser à prendre un bain pour de bon. Après m'être séchée et talquée, je me laisse tomber sur le lit et m'endors aussi sec. J'adore dormir. Mes rêves sont si sympas, parfois, quand je m'éveille au beau milieu d'un rêve vraiment bien, je me rendors aussitôt pour voir si je peux retrouver mon rêve. Il arrive que ça fonctionne. Je crois que la plupart des gens n'apprécient pas suffisamment les rêves. Ils ne se les rappellent pas ou alors ils tentent de les interpréter, vous voyez, comme s'ils ne présentaient aucun intérêt à moins d'avoir une application dans la vie réelle. Je crois qu'il faudrait les prendre pour ce qu'ils sont, je veux dire, j'adore les rêves sexuels, mais si j'en croyais le cours de psy que j'ai suivi à la fac, tous les rêves sont des rêves sexuels, c'est ridicule. Croyez-moi, je sais ce que c'est que le sexe quand j'en rêve et je suis certainement la dernière personne au monde à le sous-estimer, mais qui réprime encore ses désirs sexuels de nos jours ? Personne de ma connaissance. Oh, d'accord, il nous arrive de résister au besoin pressant d'enfourcher tel ou tel type dans un ascenseur ou sur le trottoir. Mais alors c'est qu'on lui refile un numéro de téléphone pour un peu plus tard dans la soirée.

Non, mais sans blague, il n'y a pas que le sexe dans la vie ni dans les rêves – j'entends d'ici certaines de mes copines, le truc, incroyable, Alison qui reconnaît que le sexe n'est pas tout. J'ai dû être un rien nympho. Bon, quoi qu'il en soit, parlons des rêves, il y en a sur le vol, la nage, la bouffe et des trucs qu'on ne peut même pas décrire, c'est justement ça qui est géant avec les rêves. J'ai horreur des gens qui veulent tout faire rentrer dans un système. Les profs et les psy. Les parents de Francesca ont voulu qu'elle consulte un psy au cas où elle aurait eu quelque chose qui cloche, au cas où ils auraient déconné quelque part avec elle, de manière à se rassurer d'avance, avant même de savoir où quoi et quand et d'en éprouver de la culpabilité, bref elle y va deux fois par semaine et quand elle s'emmerde trop elle pêche un truc franchement bidon dans son enfance ou ses rêves pour mener le psy en bateau sur l'horrible rivière des pires fantasmes. Du genre, putain, j'ai rêvé que mon père fumait un gros cigare et me caressait l'aine, mince, qu'est-ce que vous pensez que ça peut bien vouloir dire ?

Quand Jeannie rentre du boulot et me réveille j'étais en train de rêver ce rêve dans lequel nous étions toute la bande d'hier soir installée chez Dean pour jouer à action ou vérité. Mon prof d'art dramatique était là aussi. Mais il s'avérait que l'appartement de Dean était en fait sur la scène du Public Theatre et qu'il y avait un énorme public qui nous regardait jouer à action ou vérité. Action ou vérité s'inscrivait d'ailleurs en lettres lumineuses au-dessus de la scène et mon prof avait un micro et dirigeait l'ensemble comme un meneur de jeu à la télé.

Jeannie est d'une humeur vraiment massacrante et téléphone d'entrée de jeu à son fiancé, alors je regarde « La roue de la fortune » dans la chambre à coucher. Quand elle a enfin fini de discuter littérature mondiale et désarmement atomique avec Frank elle raccroche et appelle le traiteur pour commander du Coca Light, un grand sac de chips et un paquet de Merit ultra-légères.

Je passe la tête par la porte parce que je voudrais commander un paquet de cigarettes moi aussi mais elle a déjà raccroché. Elle prend un exemplaire de *Cosmopolitan* qu'elle feuillette dans les deux sens comme si les pages étaient des cartes à jouer après lesquelles elle en avait individuellement. Je crois qu'elle m'en veut.

Alors je retourne dans la chambre pour appeler Dean et j'ai son répondeur. Je laisse un message beaucoup plus gai que moi et j'appelle Carol, ma petite sœur, mais il y a pas de réponse. Et puis, comme une optimiste, j'appelle papa mais bien sûr il n'y a pas de réponse là non plus. Je suis un vrai pigeon – chaque fois que je fais son numéro je ne peux m'empêcher d'éprouver ce petit picotement d'espoir. C'est un miracle que j'arrive à lui mettre la main dessus, mais j'ai comme une espèce de fantasme qu'un jour il décrochera et dira, c'est toi, Alison ? Je t'aime, ma chérie, et je suis vraiment navré de ce qui s'est passé depuis quinze ans plus ou moins, je ne sais pas ce qui m'avait pris, mais je vais mieux désormais et je te demande pardon…

Jeannie décroche le téléphone dans l'autre pièce pendant que ça sonne encore et dit, oh, excuse-moi, vraiment mauvaise, avant de raccrocher violemment.

De toute manière ça répond pas. Une fois que j'ai raccroché Jeannie appelle Alex, mon ancien jules, ça ne me prend pas longtemps à comprendre parce qu'elle arrête pas de répéter son nom et de rire très fort pour bien me faire savoir de qui il s'agit et qu'elle s'amuse comme une folle à bavarder avec mon ex.

Au bout de quelques minutes elle raccroche et elle entre enfin pour venir s'asseoir sur le lit, mastiquant férocement ses chips. Ça me prend la tête de la voir dépenser une telle énergie pour me faire remarquer qu'elle est pas joice et je lui dis donc, tu es fâchée contre moi ? Je me rappelle au moment où je le dis que Dean m'a posé la même question il y a une douzaine d'heures maintenant.

Qui, moi ? qu'elle fait avec une expression d'horreur complètement bidon. Fâchée contre toi ? Pourquoi je devrais être fâchée contre toi ? Simplement parce que tu m'as accusée en public de vouloir coucher avec ton copain, est-ce que c'est une raison pour que je me fâche contre toi ?

Je parie qu'elle a dû répéter cette réplique toute la journée, la Jeannie.

Bon, mais tu veux ou pas ? je dis.

Non, figure-toi. D'abord et d'une je le trouve pas irrésistible, sans vouloir te vexer, et puis ensuite c'est ton copain à toi et il y en a parmi nous qui sont loyales à leurs amies.

Bah, je te demande pardon, je dis, j'ai dû me tromper. Et je me sens plutôt coupable quand elle parle de loyauté à nos amies parce que j'ai été vachement dure avec elle ces derniers temps. Je ne sais pas ce qui me prend, je l'adore, moi, Jeannie.

Et Jeannie fait, quoi ? Se tromper ? L'infaillible Alison ? Pas possible. Mon Dieu ce que je déteste George Michael, dit-elle en voyant sa vidéo sur MTV.

Je pourrais dire, bof, la zappette est pas faite pour les chiens, chérie. Mais je dis plutôt, je me méfie des types dont le nom est un prénom.

Jeannie dit, moi, je me méfie des types point barre.

Bon, eh bien il n'y a pas que contre moi qu'elle est fâchée. Je lui demande s'il y a un pépin avec Frank et elle s'embarque dans ce truc, que Frank d'un seul coup lui apprend qu'il ne pourra pas venir pour le week-end contrairement à leur projet parce que l'autre prof de tennis a brusquement sa grand-mère qui est malade et que lui doit assurer tous les services du week-end. Et moi, du tac au tac, une grand-mère malade ? Lâche-moi tu veux. Et puis le chien a mangé ses devoirs peut-être ? Et non seulement il ne peut pas venir mais il sera trop occupé pour la voir, mieux vaut qu'elle ne descende pas et patati et patata, et Jeannie, le contraire serait étonnant, n'est pas sûre de le croire. Elle se dit qu'il y a quelque chose de pourri au royaume de Hilton Head.

À mon tour de faire mon petit numéro. Voyons, je lui dis, il dit probablement la vérité, elle devrait le croire, elle va épouser ce type et la confiance est la base du mariage. Et puis elle peut toujours se faire réveiller très tôt samedi matin et l'appeler si elle pense qu'il découche, pour voir s'il est vraiment chez lui et s'il semble coupable. Et puis si elle veut vraiment faire une revue de couchage, elle peut toujours prendre l'avion sans se faire annoncer.

Elle trouve l'idée géante, ça la requinque, elle décide d'aller faire la surprise à ce brave Frankie. On échange un câlin. Elle appelle la compagnie aérienne et réserve sur le vol de huit heures du matin.

Tu seras capable de te réveiller ? que je demande.

Peut-être que je dormirai pas du tout, qu'elle dit. Eh, c'est géant. Ça devrait me permettre d'être chez lui vers dix heures, ça me laisse tout le temps. Elle meurt d'envie de prendre Frank sur le fait. C'est chouette de la voir sourire de nouveau, et quel sourire, tout en dents et en gencives, on dirait un piranha. Elle appelle le service des limousines et en réserve une pour venir la prendre samedi matin.

Alison elle fait t'es un génie.

Toutes ces histoires de jules me font penser à Dean. Je l'appelle et je tombe de nouveau sur son répondeur. Cette fois je laisse un message vraiment neutre, lui demandant de me rappeler quand il rentrera, très réservé, très dame, c'est moi, ça.

Avec Jeannie on bavarde un moment de la muflerie des mecs et puis on regarde un téléfilm à la con, comme s'il y en avait d'autres, je ne pourrais même pas vous dire de quoi ça parle tellement ma concentration en a pris un coup, je pense à Dean, je me demande où il est. Il est neuf heures passées, il doit donc dîner quelque part. Je me rappelle qu'il a dit qu'il aime Indochine alors j'appelle là-bas mais on me dit qu'il n'y est pas. J'essaye de me rappeler le nom de son ex, je pourrais toujours téléphoner et raccrocher si c'est lui qui répond… et puis je me dis, mais qu'est-ce que je fais ? C'est pas possible, c'est quelqu'un d'autre. Je bande depuis trois jours et je me conduis en épouse jalouse. J'y crois pas. Je veux dire, j'adore les hommes en général, je suis complètement fana, mais jamais je ne me ridiculiserais pour un en particulier. Pas après Alex. Alors c'est quoi mon problème ? Peut-être qu'il va falloir que je renonce au brave Dean sur-le-champ. J'ai pas besoin de ce genre d'émotions dans ma vie. J'ai mes cours d'art dramatique. Je dois prendre soin de mon équilibre mental. Puis je me rappelle qu'il avait dit qu'il téléphonerait. Donc, je vais probablement avoir de ses nouvelles, hein ? Ça me rappelle cette chanson, là, si le téléphone ne sonne pas, tu sauras que c'est moi. J'essaie de me concentrer sur le soi-disant film, ce connard de Richard Chamberlain avec sa barbouze mystique dans un décor exotique, j'ai pas le début de l'ombre d'une idée de ce qui se passe, qu'il aille se faire foutre il est presque onze heures. Je vois bien Dean ressembler à Richard Chamberlain d'ici une vingtaine d'années…

Oh, du calme, me dit Jeannie quand je répands accidentellement tout le contenu du cendrier sur les couvertures. Alors je lui dis ce qui me fait chier et elle me dit de pas m'en faire, qu'il a probablement un dîner d'affaires, un truc dans ce goût-là.

À deux heures et demie Jeannie dort profondément et j'ai toujours les yeux fixés sur l'écran télé, complètement réveillée, sans l'aide d'aucun stimulant artificiel ni l'espoir d'aucun calmant tout aussi artificiel. Il est absolument exclu que je rate encore les cours demain. Je me lève pour aller regarder dans l'armoire à pharmacie. Midol, Tylenol, un tas d'autres merdes inutiles. Je découvre deux comprimés d'un somnifère à l'intérieur d'un flacon vide d'Halcyon et j'en prends un. De retour au lit, je pense appeler. Dois-je faire comme si j'étais fâchée ? Rien qu'un peu blessée, peut-être ? Ou au contraire, être cool, ne pas appeler du tout ? C'est ça que je devrais faire. Ce serait pas cool de téléphoner. Mais pour le moment j'arrive même pas à dormir.

Le téléphone sonne et je casse presque le nez de Jeannie en me précipitant pour décrocher. Jeannie fait, grommelle-grommelle-protestations-ronflement.

Rebecca dit, salut sœurette.

Quoi ? je fais.

Je viens de me rappeler ce que je voulais te demander, elle dit.

Où es-tu ? je demande.

Elle dit, Didi et moi on est chez un type.

Alors, qu'est-ce que tu voulais me demander ? je dis.

Elle fait, tu te souviens de la comptine qu'on chantait à l'école, j'essaie de retrouver les paroles.

Voyons, je fais, il y en avait à peu près cinq cents, des comptines qu'on chantait.

C'est celle sur Mam'zelle Marie Moire, elle dit.

Ah oui, je fais. Mam'zelle Marie Moire moire moire, toute vêtue de noir noir noir, avec ses boutons tons tons fermés sur les reins reins reins…

Oui, elle dit, c'est ça, c'est comment la suite ?

Et moi, je réponds, c'est tout ce dont je me rappelle pour l'instant.

Tu es sûre ? elle dit.

Je sais pas, je dis, pour l'instant.

Ça m'ennuie de le reconnaître mais c'est vrai que ça m'embête de pas me rappeler la suite.

Essaie de te rappeler, qu'elle dit, moi, en tout cas, je te rappelle.

Ah, non, pas question, me rappelle pas, j'ai cours demain. Comment va Didi ? je demande.

À côté de ses pompes, dit Rebecca. Complètement cinglée.

Et moi, dis-moi quelque chose de nouveau !

Elle est accro, dit Rebecca. Ce qui est assez drôle venant d'elle. Didi dit la même chose de Rebecca d'ailleurs. Les gens qui sont complètement foutus adorent avoir quelqu'un dont ils peuvent penser qu'il les précède de quelques encâblures dans l'espace.

Après avoir raccroché j'appelle Dean et j'ai son répondeur et son ennuyeux message.

Nom de Dieu, j'ai vraiment les boules maintenant. Pourtant, si je le lui fais voir, ça risque de le doucher et de le faire réfléchir, de quel droit, pensera-t-il, je la connais que depuis trois jours. Les boules, je les ai surtout contre moi. Il ne me doit rien, c'est pas comme si on avait des relations. Putain je déteste ce mot. C'est l'arrêt de mort de la rigolade. Dans le genre, maintenant que nous avons une relation, comment faut-il nous comporter ? Presque aussi chiant que le mariage. Sitôt prononcés ces mots, c'est les règles, les définitions, et on commence à perdre de vue ses sentiments qui ne tardent pas à mourir. C'est exactement comme *Time Magazine* : Dès qu'ils trouvent un nom pour quelque chose on sait que ça n'arrive plus, c'est déjà une chose morte.

Pourquoi diable le sexe devrait-il toujours être entièrement mêlé d'émotions diverses ? Lâchez-moi ! Ce n'est jamais que le frottement d'une peau contre une autre dans la nuit. Rien qu'un contact. Rien n'oblige à se transformer en éponge imbibée d'eau de rose après coup. Qu'il aille se faire foutre, Dean. Je m'en passe.

Je veux dire, pourquoi la stimulation conduit-elle toujours à la colère ? Qu'on me l'explique, si on peut.

J'ai dû m'endormir à un moment ou à un autre parce que je me réveille. Jeannie est au boulot. Et moi je m'apprête à franchir la porte pour aller au cours quand je reçois un coup de fil de ce mec, Brad, que j'ai rencontré à L.A. Il est à New York et se demande ce que je fais ce soir. Il est assez mignon. Je crois me rappeler.

Je sais pas moi, tu as quelque chose à proposer ?

Il dit, que dirais-tu d'aller au théâtre puis dîner, et je me dis pourquoi pas, on est vendredi midi et je suis pas le genre de nana qui passe le vendredi soir près du téléphone, ça, je regrette, il n'en est pas question, pas pour tous les Dean du monde. Alors je dis d'accord et il dit qu'il passera me prendre à sept heures et demie.

Et donc voilà il est sept heures et quart et je commence à me demander ce que je vais mettre, je n'ai absolument rien sur le cul, quand Ducon, mon seul amour, appelle au téléphone. Parfait.

Eh, dit-il, c'est Dean.

Pardon vous pouvez m'épeler ? je dis.

Pardon de ne pas t'avoir rappelée hier soir, il dit, j'avais un dîner d'affaires qui s'est prolongé.

Ah oui, je dis, mais alors en liftant à mort.

Qu'est-ce que tu fais ce soir ? il demande.

J'ai un rendez-vous.

On dirait qu'il est surpris. Je lui dis que j'ai beaucoup d'admirateurs et qu'il devrait apprendre à réserver. Il me demande pour demain, je dis que c'est une possibilité puis il me dit que finalement non. Il a l'air si triste que je pleure presque au moment de raccrocher. Je songe un instant à appeler Brad pour annuler mais il est trop tard, d'ailleurs la sonnette retentit et je suis encore à moitié à poil et je n'ai même pas commencé à me maquiller.

On va voir la pièce, là, *Liaisons dangereuses*, rien que des histoires de Français qui concoctent des complots sexuels, ce n'est pas tant le sexe qui les intéresse que les projets et les manigances pour corrompre des vierges et des ménagères, tout ça très cérébral, mais le pire de tous, le héros de la pièce, tombe amoureux malgré lui de la femme qu'il essaie de séduire à la suite d'un pari, et ça fout vraiment tout en l'air pour lui.

Pas besoin qu'on me fasse un dessin.

La pièce est chouette, elle me plaît. Mais il s'avère que Brad est un tout autre garçon que celui auquel je pensais, pas si mignon que ça et après il faut absolument qu'il nous traîne en coulisses dire bonjour à une des actrices qui est une tellement bonne amie à lui. Et une fois qu'on finit par arriver là-derrière, on attend que tous les amis qu'elle a aient fini de bavarder avec elle et Brad fait, salut, Bradley Stone, et voyant que c'est pas le franc succès – elle le regarde comme s'il était chinois – il insiste, on s'est rencontrés chez Morton avec Carol et Rick, et là, il devient absolument patent qu'elle n'a pas la moindre idée de qui il peut bien être. Et bien sûr, pour bien étaler, tartiner la gêne, il ne lui reste plus qu'à m'entraîner dans ce bordel en disant, je vous présente Alison Poole, elle est comédienne elle aussi…

Bon je veux même pas en parler. J'aurais voulu disparaître, c'est tout, j'aurais été heureuse de devenir une petite flaque, juste là, à ses pieds, comme la méchante sorcière du *Magicien d'Oz*, ne laissant rien derrière moi que ce peu de glaire et la broche de saphir que j'ai empruntée à Jeannie et qu'il faut que j'agrippe en permanence parce qu'elle n'arrête pas de se défaire. Je sais pas, il voulait bien faire, mais il arrive un moment, des fois, où on sait qu'on est parti pour l'enfer, il reste plus qu'à grincer des dents et traverser, et je savais désormais que ça allait être une de ces soirées-là. De toutes manières j'y étais même pas à fond, je n'arrêtais pas de penser à Dean, mais enfin je me suis dit que je devais bien à Brad de faire l'effort d'agir gentiment.

Alors ensuite on va au Quatre-Saisons où Brad fait un foin pas possible pour avoir une table près de la fontaine, il arrête pas de brailler son nom comme si ça devait nous ouvrir toutes les portes. Si le dîner dure pas trente ans c'est qu'il dure quarante ans, je sais pas, ce que Brad m'expose, pour l'essentiel, c'est la paralysie catastrophique qui ne tarderait pas à s'emparer de toute l'industrie de la communication et des loisirs s'il lui arrivait quoi que ce soit à lui, Brad, ce qu'à Dieu ne plaise ! Telle est plus ou moins la morale de toutes les histoires qu'il me raconte. Ce type est une légende à ses propres yeux.

Sans compter que je flippe carrément en portant la main à mon revers et en sentant que la broche de saphir n'est plus là. Mais alors là, c'est effarant, on la retrouve sous la table, c'est le fermoir qui maintient l'épingle qui est déformé, et moi je respire – ouf, ce machin vaut seulement dix ans de loyer ! alors je le garde dans la main en serrant bien fort chaque fois que je crois m'endormir d'ennui.

Pour finir il règle l'addition et veut aller Chez Nel et je lui dis que je dois me lever tôt, ce qui n'est pas forcément un mensonge puisqu'il va sans doute falloir que je secoue Jeannie pour la réveiller à l'aube si elle doit prendre son avion, elle dort comme une bûche.

Mais voilà que le Brad le prend carrément mal. Juste un verre, il fait. Et moi je pense, celle-là je l'ai déjà entendue, mais je ne dis rien, je le gratifie de mon sourire le plus classe et je dis que j'ai déjà terriblement dépassé l'heure de mon coucher.

Comme par hasard c'est le moment qu'il choisit pour m'apprendre qu'il a des places pour le concert de U2 au Meadowlands demain soir. Et moi, ça n'empêchc pas qu'il faut que je rentre chez moi.

À la porte de l'immeuble c'est merci pour tout, Brad. Quand il se rend compte que je ne vais pas l'inviter à monter, il fait, je te trouve assez grossière après que je t'ai invitée au théâtre et à un dîner assez spectaculaire de…

De quoi ? je dis après un long silence. Il s'était interrompu quand il avait compris ce qu'il allait dire. Ce que tu veux dire c'est que c'est assez grossier de m'en aller sans me faire sauter ? Tu attendais que ton investissement te rapporte, c'est ça ?

C'est dit de façon un peu brutale, il commente.

Mais est-ce que je me trompe ?

Ça me dérange pas qu'il soit pas le type auquel j'avais pensé, ou qu'il ait plus de poils sur le dos de la main que sur l'occiput, ou même qu'il porte cette affreuse Rolex Président complètement ringarde – mais il ne doit pas exister un seul lit au monde assez grand pour nous contenir toutes les deux, moi et l'idée qu'il se fait de lui-même.

Je te plaisais à L.A., il dit.

Mais ce soir, j'ai pas bu, je dis.

Il me plaque contre la porte, je sais que tu as envie de moi, il dit.

Là, je pense, non mais c'est pas vrai cette merde !

T'as envie de moi, je le sais.

Ah génial, c'est tellement typique, les filles croient toujours qu'elles sont moins séduisantes qu'elles ne le sont et les garçons plus. J'ai rien voulu dire jusqu'ici mais, franchement, ce Bradley, c'est un blaireau. Faudrait qu'il soit vraiment riche, vraiment puissant ou vraiment célèbre pour être ne fût-ce qu'à moitié présentable. Et encore…

Allez, je sais bien que t'en as envie, qu'il fait.

À quoi vois-tu ça ? je fais. J'aimerais beaucoup le savoir.

Je connais les femmes, il dit. Et moi, c'est vrai, aussi vrai que je connais le swahili. Il m'a coincée contre la porte et voilà qu'il s'attache à moi par son immonde petite bouche osseuse. Je veux dire, il a des lèvres bonnes à couper du papier ce mec-là et je ne veux même pas parler de sa langue, on s'aventure dans le franchement reptilien, ça me fait penser au diagramme que j'ai vu un jour dans une revue sur ces lamproies qui se collent aux saumons et les vident en leur suçant tous leurs intérieurs. Pendant ce temps-là il essaye de m'écarter les jambes avec son genou, ce type a un culot que j'en reviens pas, ce serait presque amusant si c'était pas si dégoûtant, mais heureusement j'ai encore la broche de Jeannie en main. Je l'ouvre et je la plonge dans le cul de ce Bradley. Il pousse un hurlement et saute en arrière comme si j'étais un incendie. Pendant qu'il essaye de comprendre ce qui s'est passé je me coule par la porte et je cours jusque chez moi.

J'appelle Dean et tombe sur son répondeur.

Je sais comment je vais devenir riche. Je vais inventer un appareil qui détruira les répondeurs par téléphone – un bouton à enfoncer et boum, la saleté explose.

Je me rappelle vaguement avoir entendu Jeannie aller et venir tôt le matin. Un peu après midi elle m'appelle de Hilton Head.

Ça n'a pas loupé, elle est tombée sur Frank au pieu avec une nana. Tout ce qui n'était pas cloué elle le leur a jeté à la tête. Puis elle s'est lancée à leur poursuite avec une raquette. Quand la nouvelle chérie de Frank s'est enfuie toute nue dans le hall Jeannie a flanqué ses vêtements dans la presse à ordures et en a fait un petit cube compact avec toutes les boîtes de bière et les écorces de melon. Un charmant petit ensemble Ralph Lauren ! Il y avait une bouteille de champagne près du lit, un reste de la grande soirée romanesque de Frank, et Jeannie s'en est servie pour le matraquer. Il saignait bien quand elle est partie et maintenant elle est à l'aéroport pour rentrer. Je lui trouve les renseignements dont elle a besoin pour son vol et lui dis que j'irai l'attendre à l'aéroport.

Avant de partir j'appelle Dean et il répond. Je lui explique pour Jeannie et lui dis qu'il va falloir que j'annule. Elle aura trop besoin de moi ce soir.

Ça va, je comprends, qu'il me dit.

Elle est vraiment malheureuse, je dis, elle s'est fait avoir jusqu'à la gauche. Je sais que ce n'est pas rationnel, mais on dirait que je le reproche à Dean, peut-être parce que c'est un homme, peut-être parce qu'il n'était pas là quand j'ai appelé hier soir.

Fais-lui un câlin pour moi, qu'il dit.

Et moi, tac au tac, qu'est-ce que c'est censé signifier ça, hein, mon chéri ?

Et il répond, rien qu'un câlin amical et compatissant. Mais, j'y pense, dit-il, à la réflexion, donne-lui plutôt un câlin méchant et frigide.

Alors, comment ça s'est passé hier soir ? je demande.

Orgie, partouze et drogues en intraveineuses, dit-il, rien de bien particulier.

Assez particulier pour te tenir dehors après deux heures et demie, que je me dis, parce que c'était l'heure de la dernière fois que je l'ai appelé avant de m'endormir, mais je décide de la fermer pour changer. En ce moment c'est Jeannie mon principal souci. Je veux être là pour elle parce qu'elle sera là pour moi lorsque Dean et son remplaçant et le mec qui viendra encore après celui-ci ne seront plus que de l'histoire, de l'histoire ancienne.

6

Deux mensonges

Je suis censée être sur une plage de nouveau, imaginer la chaleur intense et la lumière du soleil. À Saint-Barth peut-être, ou Southampton. L'odeur du sel et du beurre de cacao, la serviette couverte de sable qui gratte la peau. Grâce à la Méthode, j'imagine qu'une vraiment grande actrice arriverait à bronzer de cette façon, rien qu'en se projetant dans un souvenir de plage. Ça ce serait un moyen de vérifier qu'on est assez bon. Mais moi, pour le moment, je n'arrive même pas à fabriquer une goutte de sueur. On est vendredi après-midi et je suis au cours, je m'efforce de faire un exercice de mémoire des sens. Ma concentration est flinguée. Je pense à Dean. Je bande complètement.

Hier soir on y est enfin arrivés. On est allés au cinoche puis dîner. Je ne pouvais pas arrêter de le tripoter.

Je ne sais pas pourquoi, j'avais peur que ce ne soit pas très bien. C'est-à-dire que j'ai en horreur ces débuts dramatiques qui vous laissent en général profondément déçu. La patience n'a jamais été une de mes qualités, je devais avoir douze ans quand j'ai eu ma première carte de crédit et ce que je ne peux pas avoir sur-le-champ, en général je l'oublie. Mais là, je ne sais pas…

J'aurais voulu me glisser à l'intérieur de lui et m'y blottir. J'aurais voulu disparaître dans sa gorge.

J'aurais voulu le prendre tout entier très loin à l'intérieur de moi.

L'ennui c'est que ça ne fait vraiment aucun bien à mon jeu. Mon instrument est complètement désaccordé. Je continue de penser à la langue de Dean allant et venant au long de moi et déclenchant des secousses imprévues par l'échelle de Richter plutôt qu'à la chaleur du soleil sur cette connerie de plage imaginaire. Ah si on nous avait donné comme exercice le souvenir d'une nuit entière de plaisir sexuel, j'aurais pas vraiment besoin de me fouler pour triompher.

Je ne sais pas trop pourquoi c'était si bon – on n'a rien fait de vraiment spécial. Ni vidéo ni costumes, aucun matériel, aucun truquage. Rien que le bon vieux sexe à l'ancienne mode, du genre que maman pratiquait.

Rob passe près de ma chaise et dit, tu ne me donnes rien, Alison. Il m'a collé ça parce que la dernière fois j'étais tombée dans les pommes avant d'avoir pu y entrer.

Je pourrais pas faire quelque chose en rapport avec le sexe ? je lui dis.

Il pousse un énorme soupir et fait, tu seras une grande star du porno un jour.

Comment ça, un jour ? je réplique.

Alex et moi on se filmait. C'était assez scandaleux mais indiscutablement excitant. Je sais pas, j'imagine qu'il y a des gens qui trouveraient ça anormal. Et ça doit l'être. Avec la veine que j'ai ces cassettes referont surface le jour où je m'apprêterai à recevoir l'Oscar.

Le prof fait, retourne à la plage, Alison. Voyons si tu peux tenir le coup hors de la chambre à coucher quelques heures d'affilée.

Alors je fais comme Annette Funicello. Je commence par le souvenir de l'odeur de Bain de Soleil numéro quatre, je me rappelle la sensation du soleil sur ma peau qui devient de plus en plus chaude, des mains qui enduisent tout mon corps de Bain de Soleil…

Après le cours j'appelle Dean.

Bonjour mon grand, je dis.

Salut ma belle, il répond. J'ai fait une affaire formidable aujourd'hui.

Ça doit être le résultat de toute cette activité, je dis.

Oh oui, tu dois m'avoir inspiré. J'ai fait deux cent mille dollars avant le déjeuner.

Moi, tout de suite, fifty-fifty ?

À vrai dire je les ai faits pour un client, il dit.

Alors moi, dis-lui au moins que j'ai droit à une commission.

Tu vas voir la commission que je vais te donner, il dit.

Et moi, ah oui ? Importante ?

Non mais des fois, deux idiots bêtifiants. On continue de babiller comme ça un moment puis je lui dis que je vais aller bronzer et me doucher et que je m'habillerai et il dit qu'il passera me prendre vers les neuf heures.

Quand j'arrive à la maison Jeannie me dit, Alison, il faut que je te dise quelque chose.

Je la coupe, si c'est une mauvaise nouvelle je ne veux pas l'entendre. Je suis trop heureuse.

Tu veux une ligne ? elle me demande. Manifestement elle en a déjà pris.

Non merci, je dis.

Pauvre Jeannie, cette histoire de Frank l'a vraiment lessivée. Il a essayé d'appeler mais elle refuse de décrocher et m'interdit de lui dire quand elle est là.

Qu'est-ce qui se passe ? je demande.

On vient de recevoir un avis d'expulsion.

Là, je m'étonne, je croyais que t'avais dit que tu payais pour moi ce mois-ci ?

Ben oui, mais c'est trois mois qu'on doit.

T'es folle ? Je t'ai donné ma moitié pour tous les autres mois.

Qu'est-ce qu'on va pouvoir faire ? dit Jeannie.

Qu'est-ce que tu me chantes qu'est-ce qu'on va pouvoir faire ? Où est passée la thune ?

Jeannie se met à sangloter. Oh, Alison, qu'elle fait, pardon. S'il te plaît, ne te fâche pas avec moi.

Qu'est-ce que vous dites de ça ? La Jeannie prenait le fric que je lui donnais plus celui que son père lui donnait et elle s'arrangeait pour le dépenser avant de le refiler au proprio. Il y a eu cette jupe Chanel qu'il lui fallait absolument. Oh, elle n'a pas dû coûter plus de mille huit cents dollars, ah et puis, quand elle avait pris l'avion pour la Caroline du Sud c'était en première classe, et puis elle me rappelle que j'ai participé à la consommation de ce quart d'once qu'elle avait acheté voilà quelques semaines et puis il y en a bien eu un huitième par-ci par-là et quelques grammes depuis lors pour la maintenir à flot. Des clubs de golf pour l'anniversaire de Frank – ça c'était un bon investissement ! – bref, une chose ou une autre.

Eh ben prends le fric à ton père, je dis.

Je peux pas, elle fait. Il me tuerait. Et Dean ?

C'est ça, je fais. J'ai rencontré ce type il y a deux semaines et maintenant je vais le taper de cinq mille dollars. T'as pas un meilleur plan, chérie ?

Qu'est-ce qu'on va faire ? dit Jeannie en se courbant sur le miroir pour sniffer une énorme ligne.

Moi je vais aller visiter un peu la ville avec Dean, je dis. Et ensuite Dean va coucher avec moi. La question qui se pose c'est ce que tu vas faire toi.

Ça a l'air un peu dur mais enfin tout de même quoi, franchement.

Dean a des places pour le grand succès de la saison mais il m'emmène d'abord prendre un verre au Petaluma. Le garçon s'appelle Mike, il est dans mon cours d'art dramatique, il me dit que Didi s'est pointée la veille à l'heure de la fermeture complètement pétée.

Elle devait être en train de se réveiller, je dis. Elle n'est bonne à rien avant minuit.

Cette fille elle a un problème, dit Dean.

C'est *Fences*, la pièce qu'on va voir. Depuis le début de la saison je voulais y aller, et vraiment je ne suis pas déçue. Pour l'essentiel ça raconte comment un père peut bousiller la vie de son gosse et moi j'ajoute, oh que oui !

Il y a entre autres une scène incroyable où le fils de James Earl Jones lui crache à la gueule. Mon prof de comédie nous a dit que le mec qui joue le fils n'arrivait pas à cracher à la figure de James Earl Jones et qu'alors le metteur avait fini par l'insulter et lui cracher à la gueule à lui en lui disant que James Earl Jones n'était rien de spécial. Tu parles. Ce mec a une telle puissance qu'il est vraiment l'archétype du père. Au point qu'on sait plus si c'est Dieu ou Satan ou quoi et que quand son fils lui crache au visage on s'attend à voir le tonnerre s'abattre et réduire le gamin en cendres. Après la pièce, Dean arrête pas de parler de structure, d'évolution des personnages et moi, j'aimerais bien qu'il la ferme. Pour pouvoir penser tranquillement à ce moment.

Après la pièce on va Chez Nel. Je suis impatiente de me montrer en compagnie de Dean, pour rendre les choses comme qui dirait officielles, vous savez, du genre coucou tout le monde c'est nous. Bien sûr que je suis une exhibitionniste et puis après ? Oui, ça pourrait être dangereux. N'importe quel soir donné on pourrait bien rencontrer huit à dix de mes ex dans cet endroit.

Ma copine Whitney fait la porte. Whitney collectionnait les mentions très bien et les prix d'excellence dans un bahut très B.C.B.G. puis à la fac de droit de Columbia. Elle bûchait nuit et jour, c'était la vraie tarte. Et puis un soir Francesca l'a présentée à ce mec qui jouait dans l'orchestre d'Elvis Costello et elle a disparu pendant deux semaines et depuis elle tient la porte chez Nel et puis il lui arrive de poser un petit peu pour se faire du fric. Elle a deux gros bras avec elle. Elle indique les gens et les gros bras tirent la corde pour les laisser passer. Il y a dans les cinquante personnes qui attendent. J'ai assez mauvaise conscience d'entrer comme ça directement mais que voulez-vous qu'on y fasse ? Bon, d'accord, en fait je jouis. Le monde est méchant, pas vrai ?

Whitney examine Dean, m'adresse un clin d'œil et fait, pas mal.

Il y a déjà beaucoup de monde si l'on pense qu'il est seulement minuit, mais on trouve une table. Un type s'amène qui serre Dean sur son cœur et Dean fait, Alison je te présente Phil, le cousin de Didi. C'est un grand mec aux allures d'athlète. Il porte un T-shirt noir pour bien laisser voir son beau corps juvénile mais il a une tête on dirait qu'elle a dix ans de plus que tout le reste, dans les quarante ou comme ça. Il a des pattes d'oie, des rides et une peau qui semble avoir essuyé tous les coups de vent d'une existence à grande vitesse.

Et ce Phil fait, alors vous êtes une amie de Didi, comment va-t-elle ? Y a une éternité que je ne l'ai pas vue.

Je regarde Dean et il me regarde et on se demande si ce mec cherche sincèrement la vérité.

Alors je fais, pour vous dire la vérité, je suis plutôt inquiète à son sujet.

Quel est le problème ? dit Phil. Elle court après le SIDA partout où on a des chances de l'attraper ?

Vous voyez quand on n'aime pas quelqu'un d'emblée ? Eh ben, je sais pas pourquoi mais ce Phillip, tout de suite je peux pas le supporter.

Elle s'appuie d'énormes quantités de coke, je dis. Tous les soirs, toute la nuit. Elle est vraiment totalement accro, je lui dis.

Didi ? il fait, comme s'il ne me croyait pas. La petite Didi ? Je l'ai vue sniffer une ligne ou deux mais de là à imaginer qu'elle en est devenue folle, qu'est-ce que vous me racontez au juste ? Faites gaffe, vous parlez à quelqu'un qui s'est payé trois mois de cure de désintoxication.

Alors moi tac au tac, tant mieux pour vous. Je suis profondément impressionnée d'apprendre que vous avez compté parmi les champions toute catégorie de la déchéance.

Dean se précipite, c'est un tel diplomate, il ne supporte apparemment pas le moindre accrochage entre les gens, c'est un de ses grands problèmes, préfère être gentil qu'honnête, il n'a pas dû grandir comme moi dans un environnement de gens qui hurlaient en se jetant des couverts à la tête. En tout cas, dit-il, je dois dire que je suis d'accord avec Alison. Didi est très accro.

Bien, fait l'autre, on va voir ça.

Oh, faut pas vous sentir obligé de nous rendre service, hein. Je suis vraiment furax contre moi d'avoir dit quoi que ce soit à ce mec. S'il ne m'avait pas complètement pris la tête j'en aurais fait une blague mais maintenant j'ai l'impression d'avoir trahi Didi où je sais pas quoi.

Phil se tire ailleurs convaincu que c'est plus bath et ça tombe assez bien parce que je sentais venir l'affrontement déjà grave. Quel sale con, je dis. Qu'est-ce qu'il fait quand il emmerde pas le monde ?

Agent de change, dit Dean. Calme-toi, qu'il dit et il commande une bouteille de champagne à la serveuse coiffée au bol. Je sais pas, ces coiffures artistiques très « beaux quartiers » attirent peut-être l'attention, mais pas forcément celle qu'on voudrait. Je suis pas sûre que la plupart des mecs sont vraiment chauds pour passer le doigt à travers une audacieuse affirmation de la mode.

En tout cas, j'éprouve soudain le petit picotement prémonitoire d'un ouragan, la pression atmosphérique tombe à zéro autour de notre table et ça loupe pas une voix familière gueule Alison ! à quelques mètres de distance et Francesca se laisse tomber sur le siège voisin du mien, catastrophe naturelle – naturelle ? – en paillettes vertes et perles rouges. Elle porte un badge au-dessus du sein qui dit LE CHARIOT DES DESSERTS S'ARRÊTE ICI.

J'adore Francesca, c'est à peu près la seule personne que je connaisse qui a le sens de l'humour à propos d'elle-même.

Vous pouvez pas savoir ce que je suis contente de vous voir, les mecs, elle fait. Il n'y a absolument personne d'important ou d'intéressant ici ce soir. J'allais partir. Quelqu'un m'a dit que Bono était là mais je ne l'ai pas vu. Bonsoir, Dean chéri, tu as l'air entièrement comestible ce soir. Faut dire que je meurs complètement de faim. On est allés dans un horrible restaurant thaï qui vient d'avoir un très bon papier dans le *Times*, j'étais avec Trey Burton et un tas d'autres gens, figurez-vous qu'ils n'avaient pas de pain. Putain, j'ai dit au garçon, c'est la base de l'alimentation, merde, le soutien de la vie. C'est pas incroyable, ça ?

C'est assez ethnocentrique de ta part, dit Dean.

On ne t'a pas appris à ne pas dire de gros mots devant les dames, vilain garçon ? dit Francesca. Elle s'interrompt pour reprendre son souffle et se livrer à un rapide examen de l'assistance. Francesca est comme un de ces personnages de dessin animé, je vous jure qu'elle est capable de faire tourner sa tête de trois cent soixante degrés quand elle veut voir qui est là.

Dean demande, et alors, que font Mick et Jerry, ce soir, Francesca ? J'ai entendu dire qu'ils donnaient une grande réception.

Je retire tout ce que j'ai dit de gentil sur toi ce soir, lui dit-elle. Tu n'es qu'un con. Quand je donnerai une soirée tu peux être sûr que tu ne seras pas sur la liste.

Et puis, pour faire bonne mesure, elle me tombe dessus en disant, Alison, ma parole, tu portes une jupe et des talons hauts. Est-ce qu'on t'a volé tous tes tennis et tous tes pulls ?

C'est vrai, j'ai une petite jupe de cuir noir, avec un haut de soie noire et des talons convenables.

Et alors Cesca en remet une louche, tu as presque l'air d'une adulte. La façon dont tu t'habilles d'habitude, excuse-moi, Dean a beau être con, à moins qu'il soit vraiment minable au pieu, il mérite mieux que ça.

Il est fantabaisastique au pieu, tu veux dire !

Vas-y, fait Cesca, déprime-moi.

Un peu de champagne, dit Dean.

Et Francesca répond, je ne bois pas, il y a des trillons de calories dans l'alcool. Des trillions, littéralement. À plus tard les mecs. Je vais rentrer pour essayer de racler mon maquillage. C'est un moyen de perdre deux kilos rapidement – avec de la chance j'en ai pour deux heures seulement.

Elle embrasse Dean, puis moi, puis comme un gros navire de croisière vert elle largue ses amarres et s'éloigne à toute vapeur en soufflant un baiser.

À propos de poids, dit Dean, tu ne me feras pas avaler que tu fais du quatre-vingt bonnet A. Il arbore le sourire béat hypercraignos qui est le sien après une pipe.

Quoi ? Je dis.

Et lui, taille de soutien-gorge.

Comment connais-tu la taille que je porte ? je demande.

J'ai regardé ce matin avant que tu te réveilles. Tu fais bien trois tailles au-dessus, il dit.

Je lui dis, on voit bien que tu ne sais pas ce que c'est que de se balader dans les rues de New York toute seule avec ses nichons. Alors je porte des soutiens-gorge vraiment petits. Ça les cache. J'arrive pas à croire que t'es allé mater mon soutien-gorge pendant que je dormais. T'es malade, je dis.

Dean et moi on est tout juste en train de devenir assez embrasseurs quand soudain du coin de l'œil je vois une forme s'extraire de la foule tandis qu'une voix lubrifiée qui m'est familière fait, ça alors, Dean, comment vas-tu bon sang ?

Dean a pas l'air totalement à son affaire, mais moi, je biche. Je suis vraiment contente de voir Skip à ce moment précis. Alors je le vanne, Skip, quelle merveilleuse surprise. Quel honneur. Mince, le grand Skip Pendleton. Daignerais-tu te joindre à nous à notre humble table ?

Skip est pas positivement enthousiasmé à ma vue, je crois pas qu'il s'était rendu compte de l'identité de la personne qui avait sa langue dans les amygdales de Dean. Mais Monsieur Politesse prend un siège et s'efforce de faire bonne figure à mauvais jeu. Dean se tortille, mais il offre à Skip un verre de champagne et Skip dit, super avec beaucoup d'enjouement bidon. Les mecs sont tellement prisonniers de leur code de conduite, on dirait des musiciens qui ne connaissent que trois accords. Affectivement, c'est des enfoirés. Dean et Skip jouent tous les deux les braves mecs pour l'instant alors que mentalement ils tournent l'un autour de l'autre comme des chiens enragés. L'esprit de Skip ça donne, j'ai pissé ici, c'est mon territoire, comment oses-tu venir y pisser ? Et Dean est vraiment embêté parce que c'était Skip qui était là le premier, mais qu'est-ce que ça fait de moi, ça, les mecs ? Le pied du réverbère ?

Comment vas-tu, Alison ? dit Skip.

Ça n'a jamais été mieux, je dis, en regardant Dean.

Vous voudrez bien m'excuser une minute ? dit Dean. Et il se casse pour le sous-sol. Je sais pas, peut-être qu'il essaie gentiment de nous donner une chance de conclure une paix séparée, ou alors cette situation le met mal à l'aise et il ne sait comment y faire face. Ou peut-être qu'il a simplement envie de pisser.

Tu sors avec Dean ? demande Skip.

Oui, je dis. Il est super.

C'est bien, ça, dit Skip. Ça me fait plaisir.

Ben voyons, Skip, que je me pense, et puis je le vois faire signe à quelqu'un à l'autre bout de la salle. Il a toujours l'œil en alerte pour ce qui se présentera ensuite, il est toujours à vérifier que quelque chose de mieux n'est pas disponible dans le coin. Il est dix fois pire que Cesca. La seule façon de captiver son attention c'est de lui parler de lui.

Alors Dean a dû te raconter la soirée qu'on a passée, dit-il.

Et moi comme une conne je fais, quand ça ? Je pourrais me donner des coups de pied sitôt que j'ai prononcé ces paroles. Skip me tient, maintenant. Quoi qu'il me dise, il saura qu'il me l'apprend. Je m'en veux de lui avoir donné la satisfaction de m'apprendre quoi que ce soit à propos de Dean.

Une sacrée soirée, dit Skip. Ça devait être jeudi je crois. Je suis tombé sur Dean ici vers une heure. Il s'était pas encore passé grand-chose à cette heure-là, enfin on a bu deux ou trois bouteilles de champagne et puis chacun avec sa cavalière on est allés à Automatic Slims. Là c'était formidable.

J'entends, *chacun avec sa cavalière* et je sais immédiatement que c'est la raison de toute cette histoire mais je ne vais pas mordre, je ne donnerai pas à Skip cette satisfaction. De toute manière il va me le dire.

Jeudi c'est la nuit où j'ai pas arrêté d'appeler Dean et d'avoir son répondeur. À dix heures du mat en me réveillant j'ai appelé et le répondeur était toujours branché. Il m'a raconté qu'il avait eu un dîner d'affaires.

Skip est en train de dire, tu connais Cassie Hane, je crois ? Gentille fille. Mannequin. Elle a pas inventé la poudre, mais très amusante. Je sais qu'il n'y a rien de sérieux entre Dean et elle. Manifestement il s'intéresse beaucoup plus à toi.

Je pense, excuse-moi, Skip, mais si ça ne te dérange pas, tu pourrais peut-être tomber dans une colonne d'ascenseur, de préférence d'un étage très élevé ? Je me demande s'il sait qu'il s'est fait baiser pour l'histoire d'avortement. À moins que comme les trois quarts des mecs de la terre, il pense simplement que toute nana qui a couché avec lui devrait entrer au couvent ensuite pour adorer ce souvenir ou se jeter dans le feu, ou faire classer son vagin Monument historique et faire apposer les scellés à tout jamais sur son passage secret.

En tout cas il voulait se venger et il a marqué. Et il le sait en plus. J'en veux tellement à Dean que je pourrais lui couper la bite. Pas qu'il soit sorti avec cette nana, et l'ait probablement baisée, non. J'ai les boules parce qu'il m'a menti et s'est arrangé pour me mettre dans une position où Skip pouvait m'humilier.

Je suis avec des gens qui sont restés devant, dit Skip. Il faut vraiment que j'aille les rejoindre. Heureux de t'avoir revue, Alison. Passe-moi un coup de klaxon un de ces jours.

Il cligne de l'œil d'une façon qui me fait penser qu'il parle sérieusement. Probable qu'il me juge de nouveau désirable maintenant que Dean me veut.

Tu es sûr que c'était jeudi soir ? je demande.

J'ai déjà perdu la reprise depuis longtemps, alors, autant me procurer le renseignement dont j'ai besoin.

Attends un peu, dit Skip. Oui, sans aucun doute, jeudi. J'avais un tennis le lendemain et je me rappelle une certaine gueule de bois.

Skip a pas sitôt débarrassé le plancher que le mec Chuck Harnist vient s'asseoir et commence à me draguer. Comme une conne j'ai couché avec lui un soir et maintenant il s'imagine que je peux le supporter. Il est pas laid d'ailleurs. Il pourrait faire la doublure de Tom Cruise, mais dès qu'il ouvre la bouche c'est pour vous faire regretter de pas avoir l'habitude de transporter un rouleau de chatterton dans votre sac à main. Il me raconte une connerie de projet qui est censé être bien avancé chez Paramount comme si j'en avais quoi que ce soit à secouer. Il prétend être scénariste, l'autre Chuck. C'est l'un de ces mecs qui n'arrêtent pas de parler de coups. Il a fait un coup ici, il est en train de négocier un coup là, mais dès qu'on le connaît un certain temps, on se rend compte que ses coups n'aboutissent jamais, une espèce d'enculage en couronne dans lequel personne prendrait jamais son pied. Tu vends une idée à un producteur, il la vend à un grand studio, et puis l'idée change et le studio change et il ne se passe jamais rien en dehors du grand nombre de chèques ainsi rédigés. Bla-bla-bla et patati et patamouille. Je compte plus les soirées où Chuck m'a ennuyée aux larmes avec ce genre de trucs. Malheureusement, la dernière fois que ça s'est passé j'étais chez lui quand la pénurie de drogue s'est produite et j'avais bien trop la flemme pour rentrer chez moi, mais Chuck croit que j'ai envie de retomber dans la même erreur, il se fout le doigt dans l'œil. Je t'assure que c'était pas assez bon, chéri. Entre nous, j'ai déjà vu de plus grosses allumettes.

Et Chuck est donc en train de blablater et moi de penser à quel point j'ai les boules contre Dean quand soudain je me dis, merde, mais où il est ? Peut-être qu'il a vraiment flippé en voyant s'amener Skip et qu'il est parti pour de bon ? Ou alors il m'a vu parler avec Chuck. C'est plutôt le genre jaloux, ce qui n'a pas le don d'exciter ma patience. Enfin quoi, à quoi ça sert ? C'est vraiment beaucoup d'énergie gaspillée, et quand je suis avec un mec et que je vois une nana venir le draguer sous mon nez, moi mon idée, c'est, très bien, si t'arrives à lui faire franchir la porte il est à toi, j'en ai rien à cirer. Mais fais-lui donc franchir la porte, d'abord, chérie.

Et je suis donc en train de regarder à gauche et à droite en me disant que je ferais mieux de me débarrasser de Chuck pour que Dean devienne pas tout jaloux et là, je m'interroge, qu'est-ce qui te prend, Alison ? Qu'est-ce t'en as à foutre de ce que pense ce menteur ? Dean est un salaud. Qu'il se tire en rampant sur le ventre, en douce, comme un serpent. Bien fait pour lui. Et bon débarras.

Le seul truc c'est que quelque part je voudrais pas être privée de voir la gueule qu'il fera quand je lui mettrai le nez dans ses mensonges. Sinon il peut aller se faire foutre pour ce que j'en ai à cirer – je ne serai pas seule ce soir, y a bien dix-huit mecs ici qui seraient trop contents de me raccompagner chez moi. Mais je veux qu'il sache que je sais quel sale con il fait.

Aller baiser Cassie Hane ! Cette poupée gonflable ! Ça vraiment c'est trop, je considère comme une insulte personnelle d'être placée sur le même plan que Cassie Hane. Oh, c'est une fille intelligente, à peine moins éloquente que Sylvester Stallone. Enfin, s'il doit baiser avec d'autres, d'accord, ça ne me dérange pas, vraiment, mais alors qu'elles soient au moins aussi chouettes que moi, ou alors pourquoi même en a-t-il envie ? Ce mec n'a évidemment aucun goût. C'est ça qui me fait chier. S'il trouve qu'elle vaut le prix du dîner, comment peut-il m'apprécier vraiment, moi ?

Et puis je le vois se ramener à travers la salle. Je le présente à Chuck et je lui demande s'il est prêt à partir et il dit, bien sûr, si tu veux. Alors je donne à Chuck un énorme baiser pour faire râler Dean, je le vois faire une vague grimace, ça ne lui plaît pas du tout. Tu perds rien pour attendre, chéri. Dean veut bien partir tôt parce qu'il croit qu'il va y avoir droit. C'est pas interdit de rêver, chéri. Tu prends tes désirs pour des réalités. Dans le tacot il m'embrasse et je le laisse faire. Il me raconte je ne sais quoi sur des gens qu'il a rencontrés en allant aux toilettes.

Une fois chez lui il demande si je veux un verre et je dis non, et alors avec un clin d'œil il me dit on se couche ? Et moi, bien sûr, bonne idée. Évidemment, il y a coucher et coucher, vu ? Dans le genre – comme t'as fait ton lit, tu vas te coucher.

Quand je sors de la salle de bains il est déjà entre les toiles, ses vêtements entassés sur le plancher. J'allume la télé et je me mets au lit toute habillée. Il regarde avec moi les dernières minutes de Letterman mais je sens qu'il commence à s'agiter à côté de moi. Il me colle une main sur la cuisse. Très subtil. Quand je me mets à zapper il roule vers moi et commence à m'embrasser dans le cou et à me mâchonner les oreilles en frottant son aine contre ma hanche. S'il y a quelque chose de tout con, c'est bien une bite en érection avec nulle part où aller.

Je tombe sur une émission évangélique. Chers frères et sœurs, Jésus vous aime, bla-bla-bla. Un des amants ploucs de ma mère nous avait emmenés à un machin comme ça quand j'avais onze ans. Il était jardinier paysagiste pendant la journée, étalon pendant la nuit et le dimanche il allait dans ce genre de grand raout religieux et balbutiait des conneries sur Jésus pendant qu'un évangéliste rural guérissait tout un chacun, chassant les démons et jetant les béquilles aux orties, dans une ambiance générale de connerie surchauffée. À onze ans je voyais déjà que c'était complètement bidon. Ce pauvre prêcheur n'était qu'un amateur, lâche-moi tu veux. À commencer par mon père, j'ai grandi avec un entourage de menteurs, de tricheurs et d'escrocs d'une autre classe que ce pauvre charlatan agricole. J'ai écouté mentir les plus grands.

Au fait ! Ça me rappelle Dean, ça, il est là en train de gémir plus ou moins de son côté du lit et je lui fais, eh ! quels sont les trois plus grands mensonges du monde ?

C'est une blague ? qu'il demande. Manifestement il n'y est pas. La seule chose qui le branche ce serait de me brancher, si j'ose dire.

Mais moi je riposte, non, pas vraiment. C'est plutôt comme un vieux dicton. Tu vois. T'es expert en la matière. (Ça ça lui passe trois cents kilomètres au-dessus de la tête.) Le premier c'est le chèque a été posté, le deuxième, je promets que je t'éjaculerai pas dans la bouche, et le troisième c'est quoi ?

J'ai oublié, dit Dean. J'ai pas l'impression qu'il fasse des efforts prodigieux pour s'en souvenir. Son regard devient glauque. En regardant de près, on voit son Q.I. décliner de seconde en seconde. Tout le sang lui quitte le cerveau direction plein sud. Dans deux minutes il aura oublié jusqu'à son propre nom. Il a réussi à introduire sa main à l'intérieur de mon sweat.

Ça me tarabuste vraiment ce que c'est que le troisième mensonge mais entre-temps j'ai zappé Star

Trek. Dean glisse la main sous ma bretelle de soutien-gorge puis la fait redescendre.

Alors parle-moi de jeudi soir, je fais.

La main s'immobilise. Jeudi soir ?

Jeudi soir.

C'est pas le soir de mon dîner d'affaires, ça ?

Et moi, je sais pas. Tu crois ? À toi de me le dire.

J'en suis pas sûr, il fait.

Et alors moi je balance, on pourrait peut-être demander à Cassie Hane.

Il pousse un gros soupir.

Ah, ça te revient ?

Il fait oui de la tête, très lentement, d'un air tragique. Comme s'il était homme à s'être promené avec cet énorme secret tout au long des années, à travers la pluie et la neige, et que soudain on lui avait enfoncé des bâtonnets de bambou sous les ongles pour tenter de lui arracher ce renseignement mais qu'il n'avait pas cédé – et maintenant que ça a fini par être révélé il n'y peut plus rien, alors il est plutôt heureux d'être soulagé d'un tel fardeau. Je commence à me dire que c'est lui qui devrait faire l'acteur.

Je dis, pourquoi tu m'as menti ?

Et lui, je sais pas. Je voulais pas te faire de peine.

C'est maintenant que j'ai de la peine.

C'est que… le rendez-vous était pris avant que je te rencontre. J'ai pas voulu la laisser tomber.

T'es vraiment un gentil garçon, je dis, tu veux faire de peine à personne. Un vrai saint, en quelque sorte.

Pardon, qu'il fait, j'aurais mieux fait de te le dire, je crois.

Tu n'aurais pas dû mentir. Je t'ai dit que c'est la seule chose que je peux pas supporter. Si tu veux pas que je me tire vite fait – tu veux sortir avec d'autres nanas, très bien. T'as envie de les baiser, très bien. Mais ne me mens pas, jamais. D'accord ?

D'accord, il dit.

Et t'as intérêt à mettre une capote. Je refuse de mourir d'un truc qui vient de Cassie Hane.

On se tait, tous les deux, les yeux fixés sur le plafond. Je connais peu de spectacles aussi sinistres et solitaires.

Tu l'as baisée ? Et cette fois je me tourne pour le regarder droit dans les yeux.

Non, il dit. Il ne cille pas.

Je ne te crois pas, je dis.

C'est la vérité, il dit.

Je ne serai pas furieuse contre toi, crois-moi. Je veux simplement que tu me dises la vérité.

Je viens de te la dire.

Tu mens encore.

Non, je ne mens pas.

Pourquoi tu l'as pas baisée ? Elle a pas voulu ?

C'est moi qui n'ai pas voulu, je pensais à toi.

Ouais ben pour cette nuit t'as qu'à m'oublier, hein. Y a rien de plus débandant que de se faire mentir.

Pardon, il marmonne.

Pardon de l'avoir fait ou pardon d'avoir menti ?

Les deux, il dit.

Et il ne nous reste plus qu'à exécuter ce numéro de demi-fous, déprimant, côte à côte, dans un lit, allongés tous les deux comme des pantins pendant un moment avant de nous mettre à sauter, à nous retourner, à tirer sur les draps pour les arracher à l'autre. Le problème, pour une part, c'est que j'aurais plutôt tendance à bander. Il en était arrivé à la pointe de mes seins avant que je lui lâche l'affaire Cassie Hane. Alors en définitive je tends la main et je lui frotte la hanche, puis je cherche à tâtons sa queue qui devient dure en moins de trois secondes et je lui grimpe dessus et la glisse en moi. Je dois bien reconnaître que c'est bon.

C'est pas pour toi, je fais. C'est seulement pour moi. Je suis encore fâchée mais je bande c'est tout.

Il ne se plaint pas. Il est peut-être menteur mais il est pas idiot.

7

Rien que le contact

Complètement dingue – je me réveille avant Dean ! Je traîne mon cul jusqu'à la cuisine où je trouve des oranges dans le frigo et un presse-agrumes électrique sur la paillasse. De retour dans la chambre je grimpe sur le lit et je m'assieds sur la poitrine de Dean. J'avale un peu de jus d'orange et puis en me penchant je lui en crachouille quelques gouttes sur la figure. Il entrouvre des yeux papillonnants. Il a l'air terrifié le mec. Moi je dirais, conscience coupable.

T'as baisé Cassie Hane ?

L'angoisse, je te dis pas. Il tourne la tête d'un côté à l'autre, essaie de s'asseoir, mais je l'ai coincé comme il faut.

Je veux la vérité, je lui dis. Est-ce que t'as baisé Cassie Hane ?

Alison, d'un ton implorant. Il aurait fini par me reconnaître ? La gueule ou les nichons, je me le demande.

Alors ? que je fais.

Oui, il dit. Je l'ai baisée. Et il détourne les yeux.

Merci, je fais en descendant de mon perchoir. Merci de m'avoir enfin dit la vérité.

Je passe dans la salle de bains pour prendre une douche. Cette tête de lard possède toute la gamme des derniers shampooings et des traitements coiffants. Je commence à me dire qu'il pourrait bien être un tout petit peu vaniteux sur les bords, face-de-pine. Je suis sortie avec un mannequin homme une fois, le mec était maquillé Chanel, il en avait deux fois plus que moi, c'était plutôt gerbant. Les salles de bains de la plupart des mecs ont d'ailleurs un côté extraterrestre, il faut bien le dire. Même lorsqu'elles sont franchement dégueulasses elles ont toujours quelque chose d'impersonnel, d'inhabité.

Une espèce de bizarre savon noir qui me pique le vagin, lequel est un peu meurtri à l'origine, je le reconnais. Va falloir que tout ça disparaisse. Si jamais je reviens, il a intérêt à posséder mon savon et un réfrigérateur bourré de mes boissons favorites – Coca Light, bière Amstel, champagne Cristal Roederer. Et des fleurs. Je pense que Dean le menteur va devoir payer cher cette petite aventure. Inutile de me demander d'où vient cette intuition, c'est comme ça.

Quand l'eau chaude finit par se tarir je ferme la douche et j'utilise toutes les serviettes. Dans la cuisine, Dean tout habillé est en train de faire le café. Il a la tête du gosse dont le papa vient de rentrer du travail à la maison pour lui donner la fessée.

Il a mis la table avec des sets individuels et tout le tremblement, assiette de petits pains et de viennoiseries au milieu, petits pots de confiote anglaise qu'il a dû piquer dans un hôtel, probable, le *Times* et le *Post*.

Je suis sorti pendant que tu prenais ta douche, il fait.

Eh ben ça alors, si c'est pas une gentille surprise, je dis, le temps de parcourir la page six à toute vitesse. Celle-là aussi je la lifte à mort, sarcastique, je te dis pas.

Du moins sait-il qui commande ici.

Faut que j'aille au cours, je dis. À un de ces quatre.

Tu m'appelleras ? il fait.

Je ne dis rien, je me contente de hausser les épaules dans le sens, si ça me passe par la tête dans le courant de mon existence sociale incroyablement tumultueuse, au milieu de ma vie sexuelle si active et gratifiante, peut-être, c'est possible, si je suis près d'un téléphone au même moment et qu'il y a rien de bon à la télé. Ce qu'il y a de géant dans faire l'acteur, si on est bon, c'est qu'on doit être capable de faire tenir tout ça dans un haussement d'épaules. J'ai l'impression d'avoir parfaitement réussi.

Alors lui, bon ben je t'appellerai.

Si tu veux, je dis.

Je vais donc au cours et je les étends tous raides, je me sens en hyperforme pour mon boulot, je fais une scène de *Crimes of the Heart* avec une des nanas du cours pour me donner la réplique. Moi je suis le personnage de Jessica Lange, Meg. Rob me dit de travailler ma respiration et veut qu'on le refasse la semaine prochaine, mais il dit qu'on avait l'impression que j'étais dans le rôle. Venant de Rob c'est un très grand compliment. Ensuite Carol – on dirait une ménagère de banlieue ou je ne sais quoi – se lève et fait un monologue de *Broadway Bound*, celui où la maman raconte l'histoire de sa table de salle à manger. Ça ronronne interminablement et Rob regarde ça depuis le fond de la salle.

Au bout d'un moment Rob gueule, elle est au grenier.

Carol s'arrête au beau milieu d'une phrase, on dirait qu'elle a reçu une baffe. Elle dit, tu veux que je continue ?

Et Rob, tu n'habites pas à l'intérieur de ton rôle.

Et moi je me dégonfle pas, je fais, qui c'est qu'est au grenier ?

Je ne vous ai pas raconté cette histoire ? dit Rob alors qu'il sait très bien qu'il ne nous l'a jamais racontée, ça prend les proportions d'un grand mystère. Et avec Carol debout, là, devant toute la classe, les larmes aux yeux, Rob finit par nous raconter l'histoire de cette actrice – on imagine son talent ! – qui épouse un richard qui décide d'en faire une grande vedette et en gros se met à lui acheter les rôles principaux dans des tas de pièces, dans le genre il accepte de produire si le metteur en scène donne le rôle principal à sa femme. Et un des rôles qu'il lui achète c'est celui d'Anne dans le *Journal d'Anne Frank*. Et bref, elle était si mauvaise qu'à l'arrivée de la Gestapo le seul spectateur qui restait dans la salle s'est mis à gueuler – elle est au grenier !

Après les cours je fais un saut aux U.V. histoire de travailler un peu ce brun richement doré qui affame tant les mecs. Puis je rentre à la maison en pleine forme, je prends le courrier au passage, le numéro de juin de *Vogue* plus une carte postale d'un ex qui a émigré en Californie maintenant et qui voudrait que j'aille m'y installer. « Tu te rappelles ce banc dans Riverside Park ? Grosses bises, Trip. » Oui, ça a été mon trip. Je sais pas, il y a des filles qui reçoivent des lettres d'amour, moi je reçois des cartes postales de baise.

Dans la chambre je colle les infos de cinq heures pour voir un peu. Il y a une mise à jour de la croisière des ordures, cette péniche chargée de boue et de détritus pourris de Long Island qui a parcouru la moitié de l'hémisphère occidental pour décharger et, surprise, surprise ! personne ne veut de cette merde. J'apprends que La Nouvelle-Orléans vient de la renvoyer à son tour ou un truc dans ce goût-là.

Je vérifie les messages – il y en a un inquiet de Dean disant qu'il regrette vraiment, qu'il veut me voir ce soir et qu'il appellera plus tard. J'essaie d'appeler Francesca mais tout ce que j'obtiens c'est un drôle de signal et puis une voix synthétique qui dit, nous regrettons, votre ligne a été momentanément suspendue pour non-paiement et moi je me dis, merde, elle fait chier Jeannie, quoi ! Je sais pas, quoi, ça arrive un mois sur deux, à peu près, je me retrouve coupée de toutes mes copines et je peux plus rien me faire livrer par le traiteur. Vraiment grave. La dernière fois que ça s'est produit, on s'est installées dans une chambre au Plaza pendant un jour ou deux, sur la carte de crédit du papa de Jeannie, le temps que la compagnie du bigophone touche notre chèque. Et quand il a eu la facture, le papa, il a appelé l'hôtel en leur disant plus ou moins de tirer à vue si on se représentait, et en tous cas, de plus jamais accepter de nous recevoir à crédit sur une carte de sa boîte. Faut dire qu'entre le téléphone et le room-service je crois qu'on avait fait pas mal de dégâts. Rebecca était à Paris je sais plus pourquoi – pour qui – et on a eu la France en ligne tout un après-midi une fois. On se relayait pour parler à Becca chacune à notre tour pendant que l'autre allait à Trader Vic pour refaire le plein et tous ces gros hommes d'affaires de province qui nous prenaient pour des putes…

C'est une partie du problème aujourd'hui d'ailleurs parce que le papa de Jeannie en a eu sa claque et il a fermé le coffre. Mais c'est le truc ça aussi, ces nom de Dieu de pères qui nous donnent tout pendant un moment et puis d'un seul coup ils décident de changer les règles. Merde, merde, quoi, on grandit persuadées qu'on est des princesses et bruquement y sont effarés qu'on soit pas heureuses de vivre comme des bergères. Pour moi ça s'est produit y a un petit bout de temps déjà. Papa m'a brusquement coupé les vivres quand j'ai laissé tomber la fac pour venir à New York, ça faisait un moment qu'il diminuait, avec des chèques en bois, à sa fille, et des saloperies comme ça, mais le père de Jeannie, lui, ça lui a pris y a deux mois, comme ça, tout d'un coup, ça fait une sacrée réduction de notre train de vie. Notre première année à New York ça a été impeccable. Y avait toujours des mecs dans le coin pour ramasser les additions. Je venais de vendre mon Alfa au comptant, en liquide, au moment de quitter la Virginie, et Jeannie possédait un assortiment des principales cartes de crédit. Je reconnais qu'on en a peut-être un peu abusé. Sa carte American Express par exemple, elle était presque transparente à force de passer et de repasser dans le sabot. C'était comme ça qu'on prenait de l'exercice, nous, le sabot des cartes de crédit, d'avant en arrière et d'arrière en avant. Et puis voilà que son vieux a fait annuler tout le plastique et lui sert un chèque de quinze cents dollars par mois, bref, qu'est-ce qu'il veut au juste, qu'elle se prostitue ?

Pour couronner le tout je jouais avec l'idée de torturer un petit peu Dean, quand soudain l'idée que je ne peux plus le joindre me cause une petite panique. Lui peut toujours m'avoir, puisqu'on reçoit les communications, mais au bout de quinze minutes sans un seul appel je me dis, merde, ils ont peut-être interrompu tous nos services les cons. Peut-être que Dean est en train d'essayer d'appeler. Et si c'était une urgence ? Je pourrais crever d'une crise cardiaque ici même sans aucun moyen d'appeler à l'aide.

Le téléphone sonne et c'est tout juste si je ne l'avale pas en décrochant. C'est Rebecca. Elle n'a l'air qu'à moitié folle pour le moment. Elle est au Stanhope avec un certain Everett. Et le truc, c'est à ne pas croire, il dit qu'il faut qu'on aille dans un hôtel moins cher ou je ne sais quoi, apparemment il n'est pas si riche que ça et ce sont les économies de toute sa vie qu'il vient de dépenser en moins de trois semaines avec moi. J'imagine que ça doit avoir quelque chose de touchant, en tout cas il offre de m'épouser et il veut que nous ayons des enfants, et patati et patata.

C'est toute la vie de Rebecca, ça, qu'est-ce qu'ils ont les mecs ? Tu prends un type qui fuit tout engagement comme la mort, qui n'a jamais donné un rendez-vous plus de deux jours à l'avance, tu le balances dans une chambre avec Rebecca qui est probablement la moins apte des candidates au mariage et à la maternité de toute la côte est, je suis en mesure de garantir que cinq minutes plus tard il la suppliera de lui donner des enfants. Pendant ce temps-là elle continue son baratin, et puis figure-toi qu'il y a Manuel…

Je fais, ce petit dealer qui ressemble à Prince ?

Elle fait oui, il campe pratiquement dans le hall, c'est vraiment gênant, le portier est obligé de le jeter dehors sans arrêt et il m'attend sur le trottoir et me supplie de l'épouser, il a renoncé à la drogue pour moi – t'entends ce que je te dis, renoncé à la drogue pour moi, en voilà une idée. Et il a cessé de dealer, ce qui était sa seule qualité à mes yeux, pour s'engager dans je ne sais quel projet de réhabilitation par le travail. Tout ça pour pouvoir faire de moi une femme respectable, acheter une petite baraque dans le Queens ou un truc avec une barrière blanche, pitié, merde. Je lui ai dit qu'il ferait mieux de débarrasser la planète de toutes les armes nucléaires, ce serait un programme franchement plus réaliste, tu vois ? Et peut-être même partir de là et faire de plus en plus fort. Qu'est-ce qui se passe avec le mariage cette semaine, les mecs proposent, à gauche, à droite, tu as pas le *Post*, que je vérifie mon horoscope ? Attends, c'est le service en chambre…

Quand elle revient au bout d'une éternité je lui demande, Rebecca, qu'est-ce que tu leur fais ?

À qui ? fait-elle, la bouche pleine de quelque chose.

Aux mecs, je dis.

Je les traite comme de la merde, elle dit. Everett est là et il fait la gueule en ce moment même…

Écoute, je dis, j'ai vraiment besoin de thune, t'en as un peu ?

Pas vraiment, elle dit, et puis elle siffle quand je lui dis combien.

Je sais qu'elle ment, j'ai fouillé son sac un soir en cherchant des cigarettes et je suis tombée sur trois carnets de chèques de banques suisses et deux autres des îles Cayman. Chacun avec cinq ou six mille dollars à son nom. Je sais pas où elle le trouve – les mecs, probablement – mais elle fait des petits dépôts d'écureuil un peu partout et n'arrête pas de pleurer qu'elle est pauvre.

Et les perles de Gran, elle dit. Tu pourrais les vendre.

Mais je ne veux pas faire ça, je dis.

Moi je pourrais les acheter, dit-elle.

Je croyais que t'étais fauchée.

Je voulais dire que je pouvais les faire acheter par quelqu'un. J'ai un ami qui est dans la bijouterie.

Je lui demande, dans quelle partie de la bijouterie ? Le vol, ou le vol ?

C'est un problème les perles de Gran, je les ai eues parce que j'étais sa préférée et Becca ne me l'a jamais pardonné. Elle était furieuse. Depuis la mort de Gran elle a pas arrêté de faire de la lèche à Pop pour être sûre d'être dans son testament, mais elle fait quand même cette espèce de fixation sur les perles, il les lui faut simplement parce que je les ai et que Gran est morte avant que Rebecca ait eu le temps de la gagner à sa cause.

Jeannie rentre à la maison et je dis à Rebecca qu'il faut que je la laisse et elle me dit de réfléchir pour les perles, c'est une triple rangée de perles de douze millimètres sans un défaut, avec un fermoir de platine travaillé à la main. Alors conclusion, je fais, ouais, ouais, j'y penserai, merci beaucoup pour ton aide.

Quand je raccroche je dis à Jeannie que le téléphone est sur le point d'être coupé de nouveau et elle fait, je sais, on doit treize cents dollars, et moi, ben merde, ça fait gros même pour nous, Frank et toi vous baisiez par téléphone le mois entier. Et elle, non, on s'engueulait par téléphone le mois entier. Et alors ses yeux deviennent tout larmoyants et je me rappelle que c'est un sujet délicat, je suis censée compatir, moi, maintenant que le petit cœur de Jeannie est brisé. Mais pourquoi moi ? Ça c'est la question que j'aimerais poser.

Qu'est-ce qu'on va faire, Alison, demande Jeannie.

Faut que t'appelle ton père, je fais.

Et ton grand-père ? dit Jeannie. Il est plein aux as.

Elle sait très bien que jamais je ne demanderais un sou à Pop. Un de mes principes c'est de ne pas fayoter avec lui, je sais pas, c'est l'une des rares personnes complètement correctes qu'il y ait dans ma vie. Je suis d'une famille de tarés, mais Pop a toujours été bon pour moi, et je trouve que je gâcherais ça si je me mettais à me servir de lui comme d'une billetterie automatique. Il lui arrive de m'envoyer un chèque, mais moi je ne demande jamais. Et il est probable que je ne lui écris pas assez, que je ne vais pas assez le voir. C'est pas du tout ce que fait Rebecca, qui n'avait pas une seconde à consacrer à Gran quand elle était môme, avant de pénétrer dans le monde de l'économie pour y devenir un grand consommateur. C'est bizarre quand on y pense la manière dont notre enfance nous a influencées Rebecca et moi – j'ai vraiment du mal à mentir, ça me donne la nausée, et elle n'arrive presque jamais à dire la vérité. Comme tous les autres membres de ma famille. Mais ma petite sœur Carol est pratiquement normale, ne me demandez pas comment ou pourquoi. Jusqu'ici. Je fantasmais parfois que j'allais la faire kidnapper par des bushmen australiens pour qu'ils l'élèvent avant qu'elle ait eu le temps de devenir comme nous autres.

De toute manière, Jeannie sait que je ne taperai jamais Pop, et je le lui rappelle.

Tu pourrais toujours t'offrir encore un avortement, dit Jeannie. Appelle Skip.

Je ne sais pas pourquoi mais ça nous éclate complètement ce truc. On se fend toutes les deux la pêche jusqu'à tomber dans le rire hystérique. Je me marre si fort que c'est comme si je pleurais.

Dis-lui que les tarifs ont augmenté, fait Jeannie. Dis-lui que ça coûte six mille dollars maintenant.

On s'en roule par terre.

Je l'adore, Jeannie.

Et pourquoi est-ce que toi tu te ferais pas avorter ? je lui fais.

Mais Jeannie dit qu'elle n'a couché avec personne d'autre que Frank et qu'elle a décidé qu'elle ne lui parlerait plus jamais et que de toute manière il veut des enfants, il essaierait seulement de la convaincre de l'épouser. Alors moi j'attaque une autre idée, Dean se sent salement coupable en ce moment même, il financerait probablement un avortement et même il ajouterait un voyage gratuit aux Bermudes.

Je mets Jeannie au courant de toute l'affaire Cassie Hane et elle commente, putain, ils sont culottés les mecs, et j'ajoute, tu peux le dire. Mais au bout d'une minute je me sens un peu coupable de parler comme ça, même si Dean est un menteur et une mauviette et le dernier des étrons, il me plaît vraiment. Mince, je dois me ramollir avec l'âge, c'est pas possible. Encore un peu et je ferai des arreu-arreu en disant, non il est trop mignon, chaque fois que je verrai un nourrisson à la télé. Ouais, enfin, y fera chaud ce jour-là.

Qu'est-ce que tu fais ce soir ? dit Jeannie.

Je me disais que j'allais peut-être autoriser Dean à être mon esclave sexuel.

Et elle, il t'a déjà léchée ?

Alors moi, ce sera un de mes premiers ordres.

Faisons une liste, dit Jeannie.

Et moi, mais où est passé mon vibromasseur, à propos ?

Soudain le téléphone sonne et nous plongeons toutes les deux pour l'attraper et Jeannie me devance mais je le lui arrache et elle me hurle dans l'oreille.

Alors, comment va ma jolie petite nana postmoderne ? fait Dean. Décidément j'adore qu'il m'appelle comme ça. Entendre cette voix me rend réellement heureuse pendant deux secondes environ. Mais ensuite je suis légèrement en rogne, parce que, vous savez, c'est la voix qui m'a menti. Je me montre un peu glacée durant le bavardage, alors il en vient aux choses importantes, c'est-à-dire pour l'essentiel à l'affaire du cousin Phil qui a enquêté sur la situation de Didi, je ne sais comment, et en est arrivé à la conclusion que je ne baratinais pas quand j'ai dit qu'elle avait un problème. En tout cas, Phil a déjà pris un rendez-vous pour elle avec un spécialiste qui serait quelque chose comme le meilleur du monde, ou je ne sais quoi, mais il a besoin de notre aide. Un truc qu'il n'arrive pas à comprendre c'est, d'où elle tire la thune, il a parlé à son père et à sa mère et ils n'ont pas la moindre idée d'où Didi pourrait tirer de quoi financer une telle consommation – ce n'est pas comme si elle avait un travail – alors Phil veut savoir si elle est en train de s'endetter énormément ou si elle couche avec un dealer ou quoi au juste.

C'est pas difficile, je fais. Elle a posé pour cette pub Pepsi il y environ un an et elle touche le reste des droits. J'ai vu les chèques dans son sac, deux cents, quatre cents, ils tombent deux ou trois fois par semaine et il lui faut environ une nanoseconde pour les encaisser.

Ça fait déjà un mystère de résolu dit Dean. L'autre truc que Phil veut savoir c'est, qui lui deale. Est-ce qu'elle a plusieurs dealers ou surtout un ?

Je peux pas lui dire ça, je fais.

Alors Dean, écoute, tu veux aider Didi, pas vrai ? Phil ne livrera pas ce mec à la police. Il veut seulement l'appeler pour lui dire de cesser de fournir Didi.

Je réponds, Émile est pas assistante sociale, tu sais. Vous espérez quoi ? Qu'il va dire oh mon Dieu, la cocaïne lui fait du mal, elle en prend trop, ah, c'est très ennuyeux, comptez sur moi je ne lui en vendrai plus jamais.

Tu peux me croire, dit Dean, Phil sait comment le convaincre.

J'hésite quand même encore un peu, enfin quoi, ça a l'air d'aller contre toutes les règles de l'amitié et de la consommation de drogue, et puis je me rends compte qu'il n'en est rien en fait, et que si Didi se retrouve morte j'en serai en partie responsable, et puis qu'Émile est complètement taré et que c'est un reptile de première grandeur de toute façon. Alors quoi, d'accord, je dis à Dean ce qu'il veut savoir. Mais je lui dis aussi que je ne vois pas comment Phil va bien pouvoir se débrouiller pour la faire entrer en cure et j'ajoute que je serais vraiment terriblement furibarde si jamais mon nom était un jour prononcé dans cette affaire. J'ai beau savoir que c'est pour le bien de Didi, je n'en garde pas moins l'impression de la trahir et la certitude que c'est ce qu'elle pensera si jamais elle l'apprend.

Et qu'est-ce que tu fais ce soir ? demande Dean une fois que nous avons ainsi pourvu au problème Didi.

Et je lui explique qu'il va m'emmener dîner dans un endroit incroyablement cher et qu'il recevra de nouvelles instructions en venant me chercher muni de deux douzaines environ de roses à très longues tiges de chez mon fleuriste préféré.

Deux jours plus tard nous recevons toujours les appels sans pouvoir en donner mais j'imagine qu'un jour ou deux seulement nous séparent de la coupure complète. L'avocat du proprio a envoyé une lettre nous mettant en demeure de vider les lieux d'ici la fin de la semaine. Je suis plus ou moins complètement déprimée. J'ai même plus de quoi me payer le métro. C'est une telle déprime que je ne vais même pas au cours ce matin – pas question de marcher sur une telle distance, une soixantaine de rues, et puis, je ne serais pas bonne. Alors je reste à la maison et je regarde les feuilletons à la con. Quand Jeannie rentre elle agit vraiment bizarrement, zigzaguant à travers l'appart comme un oiseau pris au piège, ou je ne sais quoi, rebondissant sur les murs, mettant de l'ordre par-ci par-là, m'engueulant parce que mes vêtements sont éparpillés un peu partout. Je voudrais bien savoir quel est le problème.

Et elle finit par me dire, Alison, j'ai la moitié de l'argent, ma moitié.

C'est chouette, je fais. C'est ton père qui s'est exécuté ?

Elle fait oui de la tête.

Seulement la moitié ? je dis.

Ma moitié, qu'elle répète. Brusquement j'aime pas du tout sa façon de parler. Dis donc Jeannie, tu me permettras de te rappeler que je t'ai donné le loyer de mars et d'avril et que c'est toi qui l'as dépensé. Alors les conneries du genre ma moitié, tu repasseras. Si tu veux utiliser des fractions avec moi parle-moi de tes trois quarts ou de tes sept huitièmes.

Jeannie et les maths. Les fractions elle n'en avait jamais entendu parler avant de se mettre à acheter des huitièmes et des quarts à Émile.

Oui, ben, j'ai pu lui tirer seulement la moitié, à mon père, qu'elle dit. Et encore, à condition que tu paies le reste, sinon il faut que je me trouve une nouvelle coloc. Il trouve que tu es irresponsable.

Non mais, c'est pas possible, je rêve. C'est Jeannie qui est devenue dingue ou c'est moi ? Je fais, il me trouve irresponsable ? Moi ? Mais c'est pas moi qui ai dépensé c'te putain de thune du loyer. Pourquoi il me trouve irresponsable ?

C'était la seule façon d'avoir le fric, elle dit.

C'était quoi la seule façon ? je fais. Attends que je devine, tu lui as dit que c'était moi qui avais dépensé la thune du loyer.

Elle ne dit rien.

C'est bien ça, hein ? Espèce de salope, je fais, j'aurais tout de même pas cru que tu ferais quelque chose d'aussi bas, même toi.

C'était la seule façon de lui tirer la thune, gémit-elle. Sinon il ne m'aurait rien donné du tout.

Et moi, t'es tellement menteuse, Jeannie, je suis complètement cernée de menteurs.

Je veux dire, je sais qu'on peut pas faire confiance aux mecs, et les familles sont un mensonge à la base, fondées sur l'idée complètement ridicule que deux êtres peuvent être fidèles l'un à l'autre, mais en dehors de ça, sur quoi peut-on compter au monde, sinon sur ses amis ? C'est à peu près tout d'après moi, alors quand vos amis commencent à vous mentir et à vous baiser la gueule, putain, c'est dur de pas virer complètement cynique.

Le truc c'est qu'on peut plus croire personne et si quelqu'un qu'on connaît vous baise pas la gueule c'est seulement parce qu'il a pas trouvé à vous vendre assez cher.

Pardon, fait Jeannie.

Oh, lâche-moi, tu veux. Va te faire foutre, je veux plus en entendre parler.

Jeannie se met à pleurer. Oh, Alison, qu'elle bafouille.

Elle essaie de me prendre la main mais je la repousse.

Et je vais te dire encore autre chose, je fais. Le jour où je te baiserai la gueule, je me conduirai pas en plus comme une lavette et je me mettrai pas à chialer. Si jamais je décide de te traiter comme tu m'as traitée je saurai exactement pourquoi je le fais et ça me posera pas plus de problème que ça et je te rirai au nez si tu viens me voir avec ta gueule de con. Et ça c'est la différence entre toi et moi. T'es une salope mais t'es même pas capable de le faire bien. Mais si tu veux déconner avec moi, t'as intérêt à être bonne. Parce que s'il s'agit d'être mauvaise, je le suis, moi, bonne.

Qu'elle rumine ça quelque temps. Moi je me casse. Je suis si furieuse que j'arrive pas à y croire.

Je vais à pied jusque chez Dean à une dizaine de rues seulement mais j'ai même pas de quoi me payer le tacot. J'ai rien d'ailleurs, que dalle. Trente-cinq cents, quatre cigarettes et une barrette. Ça me fait penser à cette chanson, « c'est la fin du monde tel que nous le connaissons ».

Je m'arrête devant un module téléphonique, on peut difficilement appeler cabine ces bizarres petites unités ouvertes à tous les vents qu'ils ont à New York aujourd'hui. En tout cas, j'appelle Francesca et je tombe sur son répondeur – toute ma vie ça, le dialogue avec des machines – et voilà un quarter de foutu en l'air ce qui fait qu'il me reste plus que dix cents. Alors j'appelle Alex, mon ex, en P.C.V. en Virginie. Il répond et il accepte le P.C.V. Et là je me dis que je dois rêver – quelque chose qui ne merde pas dans ma vie aujourd'hui. Incroyable.

Et Alex, eh ben, Alison, qu'est-ce qui se passe ?

Et moi, qu'est-ce qui ne se passe pas ? Si ça craint, tu peux être sûr que ça vient de m'arriver. J'envisage de me faire déclarer zone sinistrée de manière à pouvoir bénéficier de l'aide fédérale.

Alors je lui raconte pour Dean et pour Jeannie et il compatit vraiment, je sais pas, c'est quand même sympa d'avoir quelqu'un de son côté, on est les meilleurs amis du monde maintenant, je sais pas ce que je ferais sans Alex, je me flanquerais par la fenêtre probablement. Quand on a connu quelqu'un la moitié de sa vie et couché avec un bon quart, je veux dire – ça rapproche. Il me connaît mieux que quiconque. Et c'est la même chose pour moi avec lui. C'est la famille quoi. Demandez à maman, tiens, ou à Rebecca. Toutes les deux le truc elles étaient très partageuses à l'époque. Elles se pointaient à poil dans tout l'appartement du genre – Oh mon Dieu, pardon, je ne savais pas qu'Alex était là, comme c'est gênant. Vite, que je me recouvre très très lentement avec ce minuscule petit bout de serviette une fois qu'il aura bien eu le temps de se rincer l'œil. Je me mets à penser à ce genre de chose pendant que nous parlons et soudain il dit, écoute, Alison, est-ce que ça t'emmerderait vraiment que je vous rende visite ?

Et moi, tout de suite, ce serait formidable. Et puis soudain je me rends compte et je dis qu'est-ce que t'entends par « vous » ?

Eh ben, Jeannie et toi.

Tu ne la connais même pas, je dis. Je veux dire tu ne l'as jamais rencontrée.

Je lui ai parlé au téléphone, il fait.

Tu veux venir ici pour baiser Jeannie, je dis. C'est bien ça ? Si c'est ça l'histoire, dis-le.

Je n'y penserais même pas si ça n'était pas cent pour cent d'accord avec toi, il dit. Écoute, t'as l'air embêté, laissons tomber, jamais je ferais quoi que ce soit qui puisse te faire mal.

Je sais pas, au début c'est comme si mon estomac me sortait du corps pour rebondir au bout d'une petite ficelle, juste au-dessus de la chaussée. Alex était mon premier amour. Mais bon Dieu, Alex a été mon seul amour, et il m'a aidée à surmonter certains trucs de mon enfance, je veux dire que quand je l'ai rencontré, mon attitude à l'égard du sexe devait ressembler à celle des premiers colons à l'égard du scalp, quoi – en gros, plutôt mourir. Alex m'a aidée à surmonter ça, ce qui est une raison de plus pour que ça me fasse bizarre, qu'il bande pour Jeannie. N'importe quel autre mec ça ferait pas de problème, Bienvenue à bord ! Et puis je me dis, bof, pourquoi pas ? Qu'est-ce que j'en ai à cirer ? Si Alex veut le faire, qu'il se gêne pas. Je crois pas au désir inassouvi. Et c'est pas comme si on sortait encore ensemble. Ça fait même longtemps qu'on n'est plus ensemble. Je peux faire face, sans compter que ce serait bon pour Jeannie. Même si je suis furieuse contre elle, elle reste ma plus vieille amie sur cette planète et ça fait des années qu'elle n'a été baisée par personne d'autre que par Frank. Alors, ne serait-ce qu'au cas où elle envisagerait de se remettre avec lui, cette expérience devrait lui montrer qu'un avenir assuré avec Frank c'est comme deux semaines à Philadelphie sauf que c'est beaucoup plus long.

Viens donc, je dis. Ce sera chouette de te voir.

J'appelle mon agent de voyage demain et je vous recause. Entre-temps ne faites rien que je ne ferais pas moi-même.

Bon, alors ça, peut-être que ça exclut le meurtre, manifestement pas grand-chose d'autre.

Je crois que le portier de Dean m'a à la bonne, il me fait un clin d'œil et me laisse monter directement. Le mec est originaire d'un de ces pays communistes qui ont un nom comme une maladie, comment c'est déjà, où ils avaient des vampires autrefois, et Dean arrête pas de lui prêter de l'argent parce qu'il est complètement endetté vis-à-vis de joueurs coréens qui finiront pas le tuer. Bienvenue dans le monde libre, Igor.

Alison, fait Dean quand il ouvre la porte. Mais pendant qu'il dit, quelle gentille surprise, il prend l'air vaguement inquiet, comme s'il avait déjà quelqu'un dans son pieu ou je ne sais quoi, mais je me dis peut-être qu'il est seulement un peu nerveux à propos de nous deux, à moins que ce soit mon expression qui est probablement celle d'un tueur sadique pour le moment, en tout cas il me fait entrer, m'embrasse sur la joue.

Que se passe-t-il ? je demande.

Je ne sais pas, il fait. Le cours des actions est vraiment déplorable.

Tu perds de l'argent ?

Il fait oui de la tête.

Eh ben nous y voilà, pour nous deux, c'est la même déprime, grave.

Le téléphone se met à sonner.

Et toi ? il fait. Tu vas bien ?

Oh là là, je me suis jamais sentie aussi bien, que je fais, vraiment sarcastique.

C'est quoi le problème ?

Qu'est-ce qui n'est pas un problème ? Cette salope de Jeannie…

Le répondeur a pris la communication et après le signal j'ai droit à une voix soyeuse comme de la lingerie qui fait, Dean, c'est Cassie, j'ai eu ton appel. J'ai fait un rêve extraordinaire à ton sujet, je suis impatiente de te le raconter. Je serai chez moi ce soir. Appelle-moi, mon ange. Mais ne laisse pas de messages trop cochons, quand même, parce que Peter connaît le code d'accès pour interrogation à distance de mon répondeur.

Dean hausse les épaules de l'air de celui qui n'y peut rien dans le genre – c'est pas ma faute si elles se jettent toutes dans mes bras.

Je te sers quelque chose ? il fait. Il a l'air plutôt effrayé.

Je suis là debout dans le vestibule cherchant à prendre une décision, faut-il que je tourne les talons pour partir ? Et je me rappelle que Cassie Hane sort avec Peter Finnegan, ce qui me donne soudain quelques idées grandioses.

Alison ? il fait, tu te sens bien ? Qu'est-ce qu'il y a ?

Baise-moi, je dis.

Quoi ? il dit.

Baisons, je fais. Allons dans ta chambre pour baiser, tu veux bien ?

Ainsi faisons-nous. Et je vais donc m'étendre sur le lit et il s'amène, me déshabille et me tripote. Je ne lui rends pas ses caresses mais il n'a pas l'air de s'en formaliser – il a pas intérêt – il entre en moi et je serre les dents et je me colle contre lui et c'est tout juste si je ne grave pas mes initiales dans son dos. J'ai les yeux fermés, je ne le regarde même pas, et quand je jouis, c'est bon, mais ce n'est pas assez, loin de là, il jouit avec une espèce de cri et roule sur le côté. Je lui donne dans les trois minutes, puis je lui agrippe la queue et je me mets à la secouer – espérons qu'il a becté ses œufs aujourd'hui, il va en avoir besoin, je lui tire sur la queue comme un fumeur en manque de nicotine sur la poignée d'un distributeur automatique de cigarettes bousillé, il grimace, halète entre ses dents, et puis je lui grimpe dessus, je m'enfile et je le chevauche, il ne connaît pas sa chance, ce con, les cavalières ont des muscles dont il n'a jamais rêvé, qu'il ne mérite pas. Et au bout d'environ dix minutes, je jouis, mais motus, ça ne regarde que moi, ce n'est pas une de ces belles histoires de partage, c'est quelque chose d'autre, complètement.

Et puis il jouit. Alison, il fait. Alison Alison Alison.

C'est mon nom. C'est mes parents qui me l'ont donné, les tarés. Alison Poole. Et il peut compter sur moi, je vais faire tout ce qu'il faut pour qu'il ne l'oublie jamais.

Je m'efforce. Je veux que cela suffise. Cela seul. Rien que le contact, rien que la friction. Mais non. Cela ne me fait plus ce que cela me faisait, cela ne m'affecte plus de la façon dont on rêve toujours.

8

Scènes pour un homme et deux femmes

Retrouvez l'enfant en vous, dit Rob au début du cours. Après l'échauffement un mec présente une scène de *Hamlet*, dans laquelle Hamlet essaie de savoir comment réagir au fait que sa mère a épousé le type qui a tué son père. Ça me paraît assez bon et le mec a la pêche, il est émouvant, et puis alors il a un accent anglais géant, mais Rob se met à l'engueuler vers le milieu. Il crie respire ! respire ! ta voix est tout en haut dans ta gorge. Respire régulièrement. Pour finir Rob l'arrête, il s'appelle Jim, le mec, donc Rob arrête Jim qui tout en sueur et en larmes se met à papillonner partout comme s'il allait tourner de l'œil, et Rob dit, mais qu'est-ce que c'est que ces simagrées, ces ouf ! et ces pouf ! ces glapissements et ces braiements, tout ça c'est du camouflage, qu'est-ce que tu cherches à cacher ?

Alors là Jim a l'air de vraiment souffrir, il essaie de reprendre sa respiration et il dit, je crois que je vais m'évanouir. Rob dit, tu ne vas pas t'évanouir, encore du camouflage, ça, redresse-toi et respire régulièrement, très bien, et maintenant dis-nous ce qui se passe vraiment.

Jim secoue la tête et hausse les épaules et Rob dit, encore des mécanismes de défense.

Pour finir Jim arrive à éructer, défense contre quoi ?

À toi de me le dire, fait Rob.

Jim répète qu'il n'en sait rien et Rob ne le lâche pas et finit par lui dire, il ne s'agit pas de Hamlet et de son père il s'agit de toi et de ton père. Derrière ce camouflage il y a le sentiment que ton père n'était pas assez fort, c'est ça ? Ce n'est pas ça qui est en train de se passer sous nos yeux ?

Jim se met à pleurer et finit par dire qu'il y a peut-être un rapport. Rob pense que les scènes que nous choisissons en disent long sur nous. Et je me dis, c'est possible, Jim a l'air réellement affecté par tout ça, mais après tout peut-être qu'il joue simplement le jeu parce que c'est une bonne scène, j'en sais rien.

Jouer la comédie c'est une histoire d'honnêteté, fait Rob après que Jim a fini de pleurer. N'ayez pas peur de vos sentiments, il dit.

Alors une nana qui est nouvelle au cours lève la main et dit, je m'inquiète parfois quand je me laisse aller à une émotion du risque qu'il y a d'être totalement emporté et de ne plus pouvoir s'arrêter.

Toutes les émotions naturelles ont un commencement et une fin, dit Rob. Si nous nous laissons aller à une émotion prédominante pendant le cours, elle ira jusqu'à son terme d'une manière parfaitement saine. Certes, si vous êtes profondément tourmenté vous ne serez peut-être pas capable de vous arrêter et ça risque de poser un problème.

C'est peut-être mon imagination, ou simplement ma parano, mais j'ai l'impression qu'il me regarde quand il dit ça, je devine qu'il pense à ma petite crise d'il y a quelques semaines, quand j'ai fait une quasi-épilepsie et que j'ai dû aller voir l'infirmière. Et alors ? j'ai jamais dit que j'étais normale.

Que je vous donne un exemple, dit Rob en s'asseyant sur son bureau et en repliant ses jambes l'une sous l'autre – il a étudié le yoga en Inde avant de décider d'être acteur. Un exemple, dit-il, j'ai parfois le fantasme de descendre les gens dans la rue à la machette. Comme je vous le dis. Ça ne veut pas dire que je vais passer à l'acte. Mais c'est une envie que j'éprouve à l'occasion. Pourtant je ne le ferai jamais. Un adulte en bonne santé est capable de distinguer le fantasme de la réalité. En tant qu'être humain normal, vous savez que vous n'avez pas besoin de traduire en actes chacune des impulsions que vous ressentez. Mais en tant qu'acteur, alors, vous pouvez vous brancher sur l'imagination, les fantasmes, et vous en servir. Évidemment, il faut d'abord connaître la différence entre fantasme et réalité.

Je lève la main et je demande, comment est-ce qu'on les reconnaît ?

Il me regarde et dit, Alison, tu n'as jamais pensé à faire une psychothérapie ? Je crois que tu devrais vraiment.

Je parle sérieusement, je fais.

Et lui il fait, moi aussi.

Alors après cette journée vraiment merveilleuse au cours d'art dramatique je rentre chez moi pour affronter le fait que mon ex-petit ami, l'unique amour de ma vie, va arriver d'une minute à l'autre pour coucher avec la fille qui partage mon appartement. Ça me paraît un cas dans lequel il y a de sérieuses fuites de fantasmes dans la réalité.

Jeannie rentre du travail toute rosissante et excitée et je découvre qu'elle a envoyé une voiture avec chauffeur pour accueillir Alex. Je refuse d'y croire, ça ne me dérange pas qu'elle couche avec mon ex, vraiment pas, mais on a un déficit dans cette maison, quelque chose de vraiment grave, c'est quoi, le Bangladesh ou je ne sais pas ? Et mademoiselle commande des limousines. J'en étais à mes derniers dix cents, moi, jusqu'à ce que je fasse un petit retrait dans le portefeuille de Dean. Ben oui, l'aide étrangère, quoi.

Jeannie passe les deux heures suivantes à travailler ses yeux. Ne me demandez pas pourquoi, mais ça me fait penser à cette histoire qu'on m'a racontée un jour à propos de deux nanas qui partageaient une chambre à la fac et pouvaient pas se saquer – une des deux était une copine à moi en fait – et un soir, y en a une qui a eu l'idée de mettre de la crème dépilatoire dans le tube de mascara de l'autre, vous imaginez la rigolade.

En tout cas, Jeannie est en train de se faire les yeux, alors je descends et je vais jusqu'au coin – on n'a plus le téléphone à la maison. D'abord j'essaie Dean, rien, puis j'essaie de retrouver mon père. Faut absolument que je mette la main sur de la thune en quantité sérieuse. J'appelle son bureau à Washington, la secrétaire accepte le P.C.V. et me dit d'essayer l'exploitation agricole de Virginie, il est descendu là-bas pour une affaire de chevaux. Je lui fais une commission, s'il appelle ? demande-t-elle.

Oui, je fais, dites-lui de reprendre contact avec sa fille.

Je suis assez ébahie que papa soit en Virginie parce qu'il n'y va quasiment plus jamais. Maman y vit et c'est tout juste s'ils supportent de se voir. Et c'est d'ailleurs la moindre des choses de leur part à tous les deux.

Papa nous a expédiées à la ferme, depuis Long Island, après leur séparation, j'avais dix ans. Avant, la ferme, c'était surtout une déduction fiscale. C'est compliqué, ils sont divorcés, maman y habite toujours mais lui en possède des parts ou je ne sais quoi. C'est une grande maison blanche avec des colonnes, sur une éminence, il y a sept ou huit granges et écuries qui s'étalent derrière. C'était un endroit formidable pour les gosses, la terre, les chevaux. L'école était à vingt kilomètres, on ratait toujours le car et maman ne s'est jamais arrangée pour nous y emmener en voiture. Elle dormait le plus clair de la matinée, complètement schlasse, dans son grand lit à baldaquin rose. Quand on était petites, on grimpait dedans et on faisait semblant que c'était un bateau en route pour l'Angleterre, le pays de Gran, les rideaux de chintz étaient nos voiles.

J'appelle la maison en P.C.V. et c'est Cliff qui répond. Je demande si papa est là, il dit que non. Il ne sait pas où il est ni quand il rentrera. Maman et Carol sont sorties faire des courses. Je lui dis de dire à papa de m'appeler et je raccroche.

Cliff est probablement ma personne la moins préférée dans le monde entier. C'est le bras droit de papa, il conduit la voiture et casse la gueule aux gens ou je ne sais quoi. Il a essayé de me violer quand j'étais gosse. J'étais à l'écurie et il m'a coincée. La seule chose qui m'a sauvée c'est que j'avais l'étrille, j'étais en train de brosser Eric the Red et pour finir je la lui ai balancée à la gueule. J'aurais aimé le frapper là où ça fait vraiment mal, mais j'avais une telle frousse, ses grosses pattes qui me coinçaient contre le mur, j'ai couru comme une folle après l'avoir frappé. Quand je l'ai dit à papa il a agi comme s'il ne me croyait pas. Et pour finir il a dit que Cliff ne songeait pas à mal et m'a enjoint de la fermer sur cette affaire, c'est alors que je me suis rendue compte que Cliff le tenait d'une façon ou d'une autre, que papa ne pouvait pas se permettre de le renvoyer. C'est alors que je finis par conclure que mon père était un salaud complet.

J'appelle Dean de nouveau et j'ai son répondeur. Toute ma vie, ça.

Je ne voudrais pas être là pour gâter le moment de tendresse, la première rencontre d'Alex et de Jeannie, alors je pêche un autre quarter et j'appelle Whitney pour prendre un verre avec elle. Puis je rentre à l'appartement dire à Jeannie que je les retrouverai plus tard pour le dîner, mais Whitney et moi on se plâtre vraiment la gueule et je n'arrête pas d'essayer d'appeler Dean et de tomber sur son répondeur, et pour finir je fais, très bien, on peut le jouer à deux ce petit jeu-là.

Le lendemain matin j'appelle l'appartement, j'ai une gueule de bois d'enfer, et je vérifie seulement qu'ils sont réveillés, j'ai pas vraiment envie de leur tomber dessus en train de se rouler au pieu, et c'est Jeannie qui décroche, toute gloussante comme une toute nouvelle ex-vierge ou je ne sais quoi et elle dit, Alison, t'as qu'à monter prendre le petit déj, ce qui est une idée délirante, je crois bien que personne n'a jamais becté le petit déj dans notre appart jusqu'à ce jour. Mais je me rappelle alors qu'Alex a le goût des petits déj super-production en technirama avec œufs au lard, pain grillé, tout le tintouin, il déchaînait une vraie tempête dans la cuisine chaque matin, brouillait cinq à six œufs rien que pour lui pendant que je gémissais au-dessus de ma tasse de café, oh, Alex, quel sale cochon tu fais et lui, il me faut mes œufs si je veux continuer à satisfaire ma petite chérie.

Je me demande s'il a dit ça à Jeannie.

Je dois reconnaître que ça m'emmerde tout de même un chouïa. Ben oui, je le reconnais. Ce qu'il y a de fendart, c'est que je ne supportais même pas ne fût-ce que l'idée du sexe, l'idée que des mecs pourraient me toucher, avant Alex.

C'est lui qui vient m'ouvrir la porte et il me serre sur son cœur et même après tout ça, c'est bon de sentir son corps et je sais que je peux lui pardonner, quoi qu'il se soit passé ça n'a pas dû être grand-chose, il est toujours là pour moi d'une manière que Jeannie ne peut affecter. Il est magnifique, bronzé, brun, plein de vigueur et de santé. Jeannie risque plus ou moins un œil depuis la chambre.

Alors, je fais, quand Alex se décide tout de même à me lâcher.

Alors quoi ? dit Alex.

Tu sais bien, je fais.

Jeannie intervient : je suis pas du tout le genre de fille qui embrasse et se met à tout raconter.

Très juste, je dis, mais puis-je te rappeler à qui tu t'adresses, là, je suis pour ainsi dire ta meilleure amie et ta co-locataire, celle à qui tu racontes toujours ce que tu appelles tes embrassades.

Prenons le petit déj, dit Jeannic.

On décide de sortir faire une promenade, Alex a jamais vraiment vu New York, alors on l'emmène au Bergdorf et on se fait offrir du parfum toutes les deux. Ensuite on va au Trader Vic pour un ou deux scorpions, on raconte à Alex notre week-end hyper-craignos au Plaza et puis Alex et moi on raconte à Jeannie la fois où on était allés au Fontainebleau à Miami et où on avait inondé notre chambre. De penser à ce week-end à Miami, il me vient une grande idée, on n'avait pas fait qu'inonder la chambre. Allons dans la Quarante-deuxième rue, je dis, et Alex est absolument d'accord, Jeannie se demande mais elle fait bien attention à ne pas le montrer parce qu'elle ne veut pas que ça redevienne brusquement Alex et moi tout d'un coup, elle veut se placer.

On descend donc jusqu'à Times Square. On est dans la Cinquième et au bout d'un moment Alex fait, qu'est-ce que c'est que tous ces gens vautrés en tas dans la rue ? J'imagine qu'on a dû passer devant des masses de clodos des deux sexes et donc, le truc, j'en sais rien, y en a partout, et Jeannie fait, on a un type qui habite plus ou moins sous le store à l'entrée de notre immeuble, ce qui est la pure vérité. Quand Alex voit le grand noir en blouson de ski avec son chien d'aveugle qui vend des crayons à l'entrée de Saks il s'arrête pour entamer une grande conversation, d'où vient le mec et comment ça marche et d'autres trucs. Jeannie est dans le genre gênée mais moi je trouve ça hyper, c'est ce que j'adore chez Alex, il est dément. Il finit par acheter un crayon et donne deux dollars au type.

Alex c'est le touriste complet, il aperçoit l'Empire State Building au loin dans la Cinquième et tout de suite y fait ouah-ho ! on monte ? et il est sur le cul d'apprendre que Jeannie et moi on y est jamais montées. On promet donc de l'emmener mais d'abord on rentre dans un sex-shop de la Quarante-deuxième à la hauteur de la Huitième avenue après avoir zigzagué entre les dealers, les maquereaux et les touristes japonais. Y a cinq ou six types qui bavent devant le présentoir des revues et qui flippent comme des bêtes en nous voyant entrer

Jeannie et moi. Jeannie flippe un peu elle-même, elle a beau faire, elle est quand même très B.C.B.G. de Princeton, New Jersey. Alex et moi on va droit aux revues et on se met à les examiner, en se montrant des photos et en lisant les titres. Je prends *Petites Filles* en disant, j'vais acheter ça pour mon père.

Et Alex fait, ouais, bonne idée.

Je vois qu'il commence à retrouver le plaisir d'être avec moi, on remonte trop loin et c'était du trop sérieux nous deux pour que Jeannie puisse suivre et elle est déjà plus aussi sûre d'elle.

J'entraîne Alex jusqu'au comptoir et lui fais examiner tous les gadgets sexuels avec moi. Le mec nous regarde comme s'il avait peur qu'on débarque de Neptune ou va savoir d'où. On se met à lui demander de nous montrer les machins et comment ils fonctionnent et leurs caractéristiques et tout et pendant ce temps-là les pervers se font la malle en loucedé, on est trop pour eux, ils peuvent plus.

Pour finir, on décide de prendre le vibromasseur à quatre accessoires, un jeu complet pour moi et un autre pour Jeannie, ça comporte les piles rechargeables et quatre accessoires interchangeables : le Super mâle, le Gouzi-gouzi français, le Digitum-in-Culo et le Serviteur fidèle. Alex paie. Rien n'est trop beau pour le bonheur de mes petites chéries, il dit.

On emmène Alex prendre un verre chez Sardi, on essaie de lui faire vraiment le plan complet provincial à New York sans en louper une. Alex voudrait voir des étoiles du showbiz mais le barman nous dit que c'est trop tôt. Les étoiles sortent la nuit qu'il dit en riant comme si c'était vraiment un mot d'esprit de première grandeur. Il est pas laid, d'ailleurs, il peut bien avoir dans les trente ans et ressemble un peu à Christopher

Reeve. J'ai même pas besoin de lui demander s'il est comédien, à sa façon de parler on voit immédiatement qu'il a pris des cours de voix. Il exagère tout le truc de la voix dans le coffre. On lui fait voir nos nouveaux joujoux et il nous refile un verre gratos. Quand on s'en va, il demande mon numéro de téléphone et je lui refile celui de S.O.S. Cavalier que j'ai appris par cœur exactement pour ce genre de situation.

Et puis on prend un tacot jusqu'à l'Empire State où on acquitte nos deux dollars pour attendre dans le hall d'entrée un ascenseur plein d'espèces de familles papa maman et les enfants. Une fois dans l'ascenseur ça schmekte le lait, non, sans blague ! et un petit rouquin m'alpague par le genou et me tartine tout mon jean de chouinegomme. Il est couvert de taches de rousseur et paraît échappé d'une pub pour le beurre de cacahuète. Un autre gniard se met à chialer. Je sais pas, ils en ont plein la bouche d'un prétendu instinct maternel, je peux pas dire que j'en sois vraiment atteinte, faut dire que ma mère devait être immunisée, elle aussi. Je crois simplement qu'elle avait trop la flemme pour mettre son pessaire, certains soirs.

L'ascension me colle une vraie nausée, mon estomac est resté dans les étages inférieurs. Faut changer d'ascenseur pour arriver tout là-haut là-haut. Alex a passé le bras autour de Jeannie. Elle lui parle de son boulot et il a l'air passionné. C'est pas croyable les choses auxquelles on est capable de faire semblant de s'intéresser quand on a envie de coucher avec quelqu'un. Il m'arrive de me dire que toute conversation entre fille et garçon n'est qu'un prélude à la pariade.

Pour penser à autre chose que la gerbe qui menace je dis, eh, Alex, quels sont les trois plus grands mensonges ?

C'est trop, il retrouve les deux mêmes que moi, sauf que son second est un petit peu différent du mien, c'est je te promets de me retirer avant d'éjaculer, il y a gros à parier que les mamans présentes dans l'ascenseur flippent à mort en entendant cette conversation.

On arrive enfin sur la plateforme panoramique et on se désentasse de la mini-capsule spatiale. Je suis vraiment dans le sirop. Jeannie et Alex se précipitent jusqu'à la barrière pour regarder, il y a comme une espèce de grillage tout autour de la plateforme et après rien que le ciel bleu. Le grillage c'est pour que personne ne saute, j'imagine, et ça me rappelle ce truc que j'avais vu dans un album de photos de la revue *Life*, la photo du toit d'une bagnole moulant le corps d'une nana qui s'était jetée du haut de l'Empire State Building. Elle portait une jupe longue et ample qui s'étalait sur le toit de la bagnole comme la corolle d'un lys géant, le genre de jupe qu'on mettrait pour aller à un grand bal ou un banquet, elle était sur le ventre de sorte qu'on ne comprenait pas forcément d'entrée de jeu ce qui n'allait pas, comme si elle se reposait, ou flottait dans une piscine, une nana complètement décontract, pas un souci au monde…

Je vais même pas regarder, je m'arrête au beau milieu de la plate-forme panoramique et je gerbe.

9

Le jour du Derby

Dieu merci je n'ai jamais couché avec Tom Walker. Ça en fait quand même un dans la pièce.

C'est chez Tom qu'on est pour la fête qu'il donne à l'occasion du Derby du Kentucky et le passé me revient à m'en faire flipper. Toute la bande est là. Enfin quoi, c'est pas ça qui devrait me faire peur, je suis de taille, mais les mecs ont tous un comportement bizarre. Je n'ai jamais prétendu être vierge, pas vrai ? Qu'on me dise si je me trompe.

J'arrive avec Dean et Chuck Harnist est déjà là, et il est jaloux de Dean, de toute manière, et il se met à raconter des craques du genre qu'il est en train de refaire la déco de son appart et est-ce que tu te souviens comme c'était moche, Alison, surtout la peinture du plafond et Dean parle aussitôt de lui redécorer la gueule quelque chose de sérieux – pour un mec astucieux Dean est vraiment capable d'agir comme un con de temps en temps. Mais Dean a des emmerdes, le marché des obligations se barre en couille si j'ai bien compris et il a plein de soucis.

Et donc le Chucky il est avec une nana qu'il a dû pêcher à Las Vegas – en fait je sais qu'elle est texane –, une nana, même ses lèvres t'as l'impression qu'elles ont des implants de silicone. Elle s'appelle Tina, mais elle me dit que ses copains l'appellent Tétina, et elle s'arrange pour regarder sa poitrine en disant ça et elle se marre en remuant les nénés et en gros ça vous en dit plus sur elle que vous ne désiriez en savoir d'entrée de jeu !

Et je fais, ah bon ? Les copines à Chuck l'appelleraient plutôt Tinœud et c'est pas forcément une gentillesse.

Et elle, oh, c'est drôle, ça se ressemble un peu ! Et Chuck vire gentiment au saumon et me lance un regard féroce.

Et qui ramène sa fraise si ce n'est pas ce bon vieux Skip Pendleton, le mec que j'avais envie de voir entre tous, et, croyez-moi si vous voulez, il est pas accompagné ! Non, je veux dire, pour Skip, c'est pas rien, c'est presque un ragot, vous savez comme il y a des types qui ne sortiraient jamais de chez eux sans cravate, eh bien Skip ne se montrerait jamais à une fête sans au moins une nana pleine de vide à son bras. Et il arbore les filles pour la même raison que les cravates : ce sont des accessoires décoratifs. Peut-être qu'il a un plan baise sur quelqu'un qui serait déjà ici, je sais, mais les seules indépendantes que je vois sont Didi, Jeannie et Whitney, qui sont toutes les trois des copines à moi et ne le toucheraient pas avec des pincettes, tant je les ai bien montées contre lui… Enfin, bien monté est une expression malheureuse, ce serait la seule chose qui les déciderait peut-être. Je me rappelle avoir lu quelque part que le gangster Dillinger avait une queue qui mesurait dans les quarante-cinq centimètres qui est conservée quelque part au Smithsonian Institute ou je ne sais où. Parlez-moi du monument de Washington !

Skip me zieute d'une manière qui n'est pas du tout à mon goût, le genre de regard baise-avec-moi. Et il fait un plan vraiment bizarre à Dean, lui parlant de haut comme s'il s'adressait à un bébé, lui faisant la leçon à propos des canassons et de la société pour l'amélioration, et tout ça me fait chier, je vous dis pas. Merde, quoi ! Mon ex, Alex, me disait ce truc qu'ils disent à propos des filles, entre garçons : tu les dragues, tu les tringles, tu les largues. Qu'est-ce que c'est que tous ces mecs qui me tringlent et savent pas me larguer ? Pourquoi faut-il qu'ils se conduisent tous comme des latinos déments après-coup – chauds de la pince et increvables du souvenir ?

Quoi qu'il en soit, Jeannie et moi on a refait plus ou moins copains, mais je lui en veux encore vachement et si j'arrive pas à trouver de la thune très vite, je suis baisée. La grande nouvelle, du côté de Jeannie, c'est quand même qu'elle est follement amoureuse d'Alex. Je savais que ça devait arriver. Apparemment ils ont baisé dans tous les coins et de toutes les manières – Alex et Jeannie – et elle a commencé à entrevoir ce qu'elle avait loupé jusque-là. Alors maintenant elle bande pour Alex, elle croit que c'est un grand roman d'amour et c'est à moi que revient la mission douloureuse de lui apprendre qu'Alex a toujours eu des difficultés à fixer son attention et qu'elle aura sans doute du mal à continuer de l'intéresser au-delà d'hier. Entretemps ça craint toujours pour la thune. Francesca va m'en passer mille, c'est la meilleure, mais il m'en faudrait encore mille autres au moins. Elle est à la réception qu'une quelconque célébrité donne pour le Derby mais elle doit nous rejoindre ensuite.

Didi fait chier tout le monde à mort avec ses histoires de désintox. Le cousin Phil s'est arrangé pour la piéger l'autre soir. Voilà comment il s'y est pris : il l'a d'abord tenue pendant deux jours non-stop, en lui refilant tellement de coke qu'elle se sentait encore plus mal que d'ordinaire. Puis il l'a laissée dormir quelques heures, il l'a réveillée et ne l'a plus laissée se rendormir avant qu'elle promette d'aller causer au psy le lendemain. Phil dit que ces préparatifs ont bien dû lui coûter dans les mille dollars de snif et trois jours de turbin mais que les parents de Didi vont le rembourser. Alors maintenant elle voit ce psy dans l'après-midi et, le soir, elle fait une thérapie de groupe. C'est franchement génial, quoi, je veux dire, elle est plus ou moins réveillée au milieu de l'après-midi et elle cause du fait qu'elle est accro et qu'il faut absolument qu'elle arrête. Elle en cause aussi toute la nuit, entre les lignes, pour ainsi dire. C'est un début, quoi, c'est toujours ça.

De mon point de vue, la seule bonne chose qui soit sortie de cette désintox de Didi c'est qu'elle est pas aussi canon qu'avant, elle ne ressemble plus nécessairement à quelque divinité du sexe ces derniers jours, bien qu'elle ait pas cessé la drogue, la lueur démente n'allume plus ses yeux, la tension n'habite plus son corps et c'est comme si tout son physique en était désamorcé. Je sais pas, c'est peut-être mon imagination, mais les mecs flashent pas sur elle à longueur de temps comme c'était avant.

Becca se pointe à la dernière minute, juste avant le départ. Elle a déjà téléphoné dix-huit fois dans le seul but de prévenir de son arrivée, et elle franchit enfin le seuil d'un pas dansant, vêtue (?) d'une micro-robe de lycra rouge – un simple fourreau à vrai dire, parfait pour une apparition dans une boîte de nuit vers trois heures du matin, mais le truc tel que même moi j'aimerais mieux mourir que de me balader dans les rues en plein jour avec ça sur le cul. Mais les mecs adorent et il se fait un tel silence, l'espace d'une minute, qu'on entend le clapotis des langues qui tombent et de la salive qui éclabousse le plancher.

Becca traîne dans son sillage une espèce de lycéen, très B.C.B.G. dans son blazer bleu marine et son pantalon de flanelle, bien propre sur lui mais qui semble un peu halluciné. Ça doit être Everett, le pigeon du mois, pauvre diable. On dirait une version plus anodine, une copie un peu pâle de Skip. J'espère pour lui que le misérable s'accroche pour de bon à sa Gold et qu'il a soigneusement enfermé ses titres dans un coffre à la banque.

Salut tout l'monde, lance Becca, dans son numéro de fille du Sud, pour l'occasion. Qui est-ce qui gagne ? C'est encore la première mi-temps ? J'adore ces grands événements sportifs : ça pue tellement la sueur.

Tous les mecs se fendent la pêche. Y a quelque chose qui a dû m'échapper – je trouve pas ça drôle.

Le lycéen fait, Salut ! Je m'appelle Everett, comme si quelqu'un en avait quelque chose à cirer ! Tout le monde est en train de s'agiter, de se prendre les pieds dans le tapis et d'entrer en collision pour offrir à Rebecca un siège et lui apporter à boire. Elle s'est manifestement déjà appuyé quelques lignes et il est pas quatre heures de l'aprèm, à gerber, je vous dis. Je me demande combien elle en a.

On est tous installés dans le living au Tommy, on s'envoie des mint juleps devant un grand écran vidéo. Tom est propriétaire d'une galerie ou un truc dans ce goût-là, je sais pas, il est du Kentucky. Immenses toiles affreuses aux murs, mobilier rital défoncé, mais deux salles de bains géniales, avec téléphone toutes les deux, je pourrais sans problème m'installer pour vivre dans la plus grande. Il lui faut peut-être une co-locataire au mec. Une jeune et jolie blonde pour répondre au téléphone ? Jeune et blonde en tout cas – j'étais assez jolie, naguère, avant que Becca ne fasse irruption dans l'appart !

Je ne sais pas, depuis quelque temps, je joue avec l'idée de m'installer chez Dean, tu vois, mais je ne me vois pas renoncer comme ça à mon indépendance, ce serait quasiment un mariage, dans le genre, et puis y me l'a jamais demandé.

Becca me prend à part et dit, je peux t'obtenir trois mille pour les perles.

Et moi, du tac au tac, elles sont pas à vendre.

Pourquoi ? qu'elle fait. Tu les portes jamais.

Et moi, Gran était la seule personne de toute la famille que j'aie jamais aimée. Elle et Pop.

Pas la peine de faire ta salope, Alison, qu'elle dit, j'essaie seulement de t'aider.

Qui les achète ? je demande.

Et elle répond, oh, un ami, c'est tout.

Je lui demande si elle a un peu de coke et elle répond qu'elle vient de la finir mais qu'elle va essayer d'en trouver encore un peu.

Ben voyons.

Le mensonge de Becca me rappelle une anecdote piquante que je tiens d'un copain qu'est musico. Il bosse sur un album avec – disons avec ce Célèbre Musico Aveugle, vu ? Mon copain c'est un musico de studio, il joue de la gratte comme un dieu. Il vient de passer la moitié de la nuit en compagnie du C.M.A. (célèbre musico etc.) à enregistrer des pistes et, toutes les demi-heures plus ou moins, le C.M.A. s'isole dans un coin et sniffe comme un cheval dans un flacon – prend même pas la peine de quitter la pièce. Comme si, je sais pas, sous prétexte qu'il est aveugle, le reste du monde était non-voyant, ou quoi ? Au bout de quelques fois où ça se répète, mon copain vient trouver le C.M.A. et lui dis, *hey, man*, j'pourrais pas m'envoyer une ligne s'il te plaît ? Parce qu'il est crevé, vous voyez, et qu'après tout, ils bossent ensemble toute la nuit, quoi ! Et le C.M.A. fait, une ligne de quoi, hein ? Une ligne de ta coke. Et le C.M.A. fait, je me drogue jamais, j'y touche pas. Alors qu'il tient le flacon en main, dis donc. Seulement il est aveugle, c'est pas comme si mon copain pouvait le lui montrer, dans sa main, en lui disant, et ça ? Bon, je vous la fais courte, ça se reproduit deux ou trois fois et chaque fois le C.M.A. dit qu'il en a pas. Alors la fois suivante mon copain va trouver le C.M.A. pendant qu'il sniffe, il tape sur la cuiller et il lui dit, si tu te drogues pas, c'est quoi ça ? Et le C.M.A. lui répond – merde, t'as raison, qu'est-ce que tu veux que je te dise ? Et il en refile un peu à mon copain et quand mon copain demande, finalement, pourquoi il a d'abord dit qu'il en avait pas, le C.M.A. lui répond, qu'est-ce que tu veux que je te dise, ça rend menteur, cette saloperie !

Entre-temps, Skip a demandé à Tom s'il avait un Trivial Pursuit et Tom a répondu que non et Skip a fait, dommage, et Whitney s'en est mêlée pour dire que, ouais ! elle adore ce jeu et comme je sais que Skip est vachement fier de ses exploits au Trivial Pursuit je fais, Whitney est vraiment forte, et Skip dit qu'il est le meilleur – sale connard machiste – et Whitney, elle a fait Yale ou une fac dans ce genre-là, dit, un jour on verra et Skip répond, c'est tout vu, je te mettrais en pièces. Quel con, non mais quel sale con. D'abord on en a rien à foutre, quoi !

Chut, taisez-vous, tout le monde, fait Tom. Ça va être le départ. C'est qu'il prend le Derby au sérieux, ce mec. Ou en tout cas, qu'il fait semblant ! Je sais pas, je crois que c'est une façon de se forger un semblant d'identité, de personnalité, non ? Comme de porter tout le temps des bretelles ou de collectionner les tableaux et tout ça. Je veux dire, c'est à croire que tout le monde fait des trucs pour impressionner le reste du monde, c'est tout quoi. Bref, il a engagé des paris compliqués avec les autres types présents et tous agissent avec le plus grand sérieux, même Dean. Ce qu'il y a de bizarre, c'est qu'il ignorait jusqu'à l'existence du Kentucky Derby, je crois, jusqu'à ce que je l'invite à cette soirée, hier.

Je ne parie pas, mais je sais le canasson que je veux. Je veux que Demons Begone gagne la course.

Il y a donc dix-sept partants de trois ans à Churchill Downs et il y a quelques jolis canassons, tous chargés à cinquante-six kilos, j'y arriverais tout juste aujourd'hui, alors que du temps où je montais, j'étais maigre comme un clou, je devais difficilement atteindre les quarante-cinq kilos. Et on avait des chevaux plus vieux et plus endurcis. Ces trois ans, ils ont la jambe fragile, j'espère qu'ils vont tous bien s'en tirer, je supporte pas de voir un cheval se faire mal.

L'autre truc que je déteste c'est les drogues. Nos chevaux étaient tellement bourrés de remontants et de tranquillisants et de barbituriques qu'à côté d'eux, mes copains et moi, on est des modèles de vertu aujourd'hui. C'était vraiment déprimant, mais on était que des mômes, on comprenait pas vraiment. On savait qu'il y avait quelque chose de bizarre, voilà. On voyait ce qu'ils trafiquaient et on apprenait à s'en accommoder. Drogues contre la douleur, drogues pour la vitesse et drogues pour quand ils étaient plus de la première jeunesse et ils étaient assurés pour des sommes folles.

Ils mettent une éternité à démarrer ce truc, je veux dire la course dure seulement dans les trois minutes et il faut qu'ils épongent jusqu'au dernier dollar de pub permis par l'occasion et qu'ils laissent à tout le monde le temps de gagner les guichets de pari.

Demons Begone a l'air fin prêt, il en veut et danse sur place. Skip tient absolument à nous faire savoir qu'Alysheba a été jusqu'ici volontairement tenu en bride par son entraîneur et qu'il va faire un malheur cette fois-ci. On peut faire confiance à Skip pour ce qui est des délits d'initiés ! J'espère que son canasson finira bon dernier. Ce que Dean peut être mignon, il a choisi un cheval qui s'appelle Capote simplement parce que c'est un nom d'écrivain et qu'il veut être écrivain un jour. Quel blaireau ! Il y a aussi un cheval qui s'appelle Leo Castelli, mais Tom le propriétaire de galerie dans le vent n'a pas parié sur lui, Tom se fie aux statistiques. Dean, lui, est romantique, ce qui n'est qu'un autre mot pour nul, mais j'adore ça. Je crois pouvoir dire qu'on est rabibochés et même mieux. J'ai tout simplement envie d'être avec lui tout le temps et je parle de lui et je pense à lui constamment.

Et je bande de nouveau complètement.

Ils donnent enfin ce foutu départ après un petit millier de messages publicitaires. Demons Begone prend le commandement d'entrée, c'est bien c'que je disais. Capote vient à l'intérieur suivi de Leo Castelli. Brusquement voilà que j'ai envie de fairc pipi, ça doit être toutes ces pubs pour la bière. Je me glisse hors de la meute et Tom gueule, Alison ! comme si c'était un sacrilège ou quoi d'aller aux chiottes et moi, je reviens tout de suite. J'entre furtivement dans la vaste salle de bains de marbre qui est comme le tombeau d'un empereur antique ou je ne sais quoi et de nouveau la tête me tourne et j'ai la nausée. Je pose la tête sur mes genoux nus et j'écoute les gueulantes et les conversations qui sortent de là-bas, c'est bizarre qu'on puisse être comme ça mêlé à quelque chose et puis reculer d'un pas et avoir tout d'un coup l'impression que c'est loin et con. Mais alors complètement. Voilà que je me demande combien de temps il leur faudrait pour remarquer mon départ si je me tirais par l'escalier d'évacuation d'incendie. Et si je ne m'arrêtais pas là, si je quittais New York pour de bon dans le mouvement ? Une impression vraiment bizarre me prend la tête, je suis tellement engagée dans tout ce boucan hystérique qui est censé être ma vie mais qui se ramène à que dalle – tu recules d'un pas et c'est plus qu'un vrombissement sourd, le bzzzt-bzzzt à la con d'un vol de moustiques. Mais toutes les vies sont comme ça, non ? Tiens, ce truc à Lewington, dans le Kentucky, le Derby, c'est la chose qui compte le plus au monde pour l'instant aux yeux de tous ces gens, mais ça veut dire quoi, hein ? C'est jamais qu'un tas de canassons qui se galopent au cul les uns des autres. Vu de Jupiter, ça se ramène à quoi ? Une toute petite merde.

Je sais pas, ça doit être mes règles qui s'annoncent. La moitié du temps je me balade avec la gerbe complète et l'autre moitié je suis cassée, ceci n'étant sans doute pas sans rapport avec cela, comme dit l'autre.

Quand je réintègre la pièce tout le monde saute sur place parce que les dadas sont dans la dernière ligne droite. Qu'en est-il de Demons Begone ? Je m'adresse à Dean et il me fait, exclu de la course, en parlant télégraphique pour pas rater la fin.

Exclu de la course ? je fais.

Et c'est donc Alysheba qui gagne suivi de Bet Twice. Je sais pas ce qui m'emmerde le plus, le fait que mon canasson ait abandonné ou le fait que celui de Skip ait gagné. Pas étonnant. Le roi du délit d'initié. C'est la déprime massive pour moi. Entre deux plans du vainqueur, on voit Demons Begone conduit jusqu'à une ambulance, boitillant, foutu, complètement crevé.

Saignement de nez, dit l'entraîneur. Refrain connu, non ? Bordel, versez-moi un autre julep.

Je te l'avais dit, fait Skip en venant m'entourer de son bras avec ce geste de propriétaire infect. Fallait parier comme moi.

Je fais, lâche-moi, Skip, va te faire mettre.

Oh, j'essayais seulement de me rendre utile, qu'il dit.

Et là, je lui balance, mais oui, c'est ça. Tu me serais encore plus utile en piquant un plongeon par la fenêtre, tête la première.

Dean s'amène et fait, fallait-il être con pour s'imaginer qu'un bourrin nommé Capote tiendrait la distance ! C'est le sport qui imite la vie ! Début foudroyant, fion en quenouille.

Et Skip, effectivement, il fallait être con, Dean.

Et moi, eh, oh, traite pas Dean de con !

Et Dean pousse un petit cri puis, Alison ! du calme ! Ça s'appelle blaguer. Il me pose le bras sur l'épaule en disant : c'est une espèce d'affrontement verbal caractérisé par l'ironie et l'hyperbole qui a souvent lieu entre amis.

Et je pense, entre amis ! Tu connais pas tes amis, Dean. Parfois je me demande ce que je lui trouve et, franchement, j'en sais rien.

Qui d'autre que moi a de la came ? hurle Didi. Il n'y a plus que moi qui en achète, c'est ça ? Je sais que vous en prenez tous, bande de salauds minables. Ce que je vais bicher quand j'aurai décroché et que vous serez tous encore complètement intoxiqués sauf que je serai plus là pour vous fournir vos sniffettes gratuites ! Les journaux disent que la coke est plus à la mode mais ça veut seulement dire que les connards à la mode dans votre genre n'en achètent plus, parce qu'ils attendent tous que je leur en fournisse gratos ! Vous m'invitez chez vous pour sniffer ma coke et mater mes nichons.

Tu te trompes qu'à moitié, je dis.

Au fait, Didi, lance Dean.

Et elle, qu'est-ce que tu veux, Shakespeare ?

Et Dean répond, je me demande si tu voudras bien me donner le nom du mec qui te soigne pour la drogue. Ce mec fait des miracles, ça crève les yeux !

Rome n'a pas été bâtie en un jour, pauvre con, qu'elle fait, paraphrasant la méthode Assimil.

Et Dean me dit à moi, et à voix basse pour que Didi n'entende pas, mais elle fut mise à sac en un jour.

Et je demande, qu'est-ce que ça veut dire, ça, hein ?

Il hausse les épaules. Je pensais à ce joueur de basket, là, tu sais, Len Bias, il fait.

Je me rappelle, ça doit bien faire dans les deux ans, ce jeune mec qui était clamcé d'une surdose de coke. Une de ces occasions où tout le monde s'excite pendant cinq minutes et les politicards en masse agitent leurs petits poings potelés en affirmant qu'ils sont fermement décidés à mettre un terme au trafic international de la drogue et puis Sylvester Stallone a une nouvelle petite amie, ou Reagan un bouton cancéreux sur le blair ou je ne sais quoi et on s'empresse d'oublier le joueur de basket qu'a claqué.

Didi demande à Becca, t'en as ? Becca secoue la tête et Didi fait, menteuse, je sais bien que si. Tant mieux, parfait, m'en donne surtout pas. J'en veux pas, j'arrête demain, ça fait pas un pli et qui c'est qui va bien rigoler quand tu seras encore une pauvre épave frissonnante ? Puis elle dit, à propos, j'ai un petit cadeau pour toi et elle refile à Becca la carte que je lui avais donnée il y a quelques semaines déjà, avec un numéro d'assistance aux cocaïnomanes.

Tout le monde se fend la pêche, sauf Becca.

Tom me dit qu'on me demande au téléphone alors il me reste plus qu'à jouer à colin-maillard pour trouver l'appareil qui est une sculpture étrange en ciment et en plastique.

Alison, fait Francesca haletante, tu vas pas me croire, devine qui est ici !

Len Bias, moi je fais.

Qui ? elle demande.

Vu, je fais, Elvis Presley.

Non sans blague, j'en reviens pas !

Très bien je fais, je donne ma langue, qui ?

Jerry, elle fait.

Incroyable, je réponds, alors, bien sûr, que je pense – énorme bâillement. Elle s'en est enfin payé une !

Je lui ai parlé, dit Francesca.

Elle parle anglais ? je fais.

Francesca fait, elle est aux cabinets mais je lui reparlerai quand elle en sortira.

Moi, je vanne, t'aurais dû la suivre, histoire de voir si elle pisse comme nous toutes.

Alors Francesca se met en rogne et je lui demande pardon, que c'est vraiment plutôt craignos par ici, que mon cheval a perdu, que Didi est folle, Rebecca canon, et que moi j'ai baisé avec tous les présents.

Voilà Jerry, qu'elle chuchote, je te rappellerai plus tard.

Entre-temps Rebecca a grimpé sur une table basse et brandit une bouteille de Jack Daniel au-dessus de sa tête en disant, si on faisait la fête ! Elle a l'air d'une version hard de la statue de la liberté et personne ne lui demande de redescendre, les mecs sont trop occupés à essayer de mater sous sa jupe… voilà la direction que ça prend alors qu'il est pas encore cinq heures de l'aprèm. La nuit sera longue, voilà ce que je pense, vraiment longue.

10

Action ou vérité II

La réalité a été virée de l'autre côté des carreaux et reste derrière les fenêtres quand nous rentrons enfin chez Dean. C'est comme si rien ne pouvait nous toucher tant que nous resterons chargés. On s'assied autour de la table basse et j'ai une impression de déjà-vu, un rêve que j'ai fait dans lequel le salon de Dean était une scène sur laquelle on jouait à action ou vérité devant un public.

On est pas sitôt rentrés que le lycéen de Rebecca veut savoir l'heure qu'il est – il a tenu toute la nuit et il est probablement en train de se demander s'il y aura droit cette fois ou une autre. Rebecca a pourtant dû commencer son dressage, j'en suis sûre. En tout cas, il demande l'heure qu'il est et, tous, nous nous mettons à le huer et à lui lancer des coussins et des cigarettes.

Il y a là les récidivistes habituels : Didi, Francesca, Skip, Ev le lycéen et Dean. Jeannie s'est pieutée, je crois qu'Alex a dû l'épuiser pendant le week-end et il me semble qu'on a perdu Tom et Whitney Chez Nell. Quant à Tinœud et Tétina on les a jetés, on leur a raconté qu'on les rejoindrait dans je ne sais quel resto de merde où ils devaient aller bouffer. J'ai l'impression qu'il y a plusieurs jours de ça.

Je suis une épave frissonnante, plus ou moins. La gerbe complète.

La table basse est encombrée de bouteilles de bière et de champagne et il y a trois ou quatre miroirs qui circulent. Et soudain Didi lance action ou vérité et ça me fait réintégrer la réalité en une nanoseconde. Le truc c'est, ouille, pas vraiment bonne l'idée.

Dean dit ouais ! génial ! Ce petit vicelard doit avoir soudain envie de revoir les nichons de Didi. Et Rebecca est à cent pour cent pour, elle a tout un passé d'exhibitionniste derrière elle.

Je jette un coup d'œil rapide à Skip qui soutient mon regard et ce que je lis dans son œil me déplaît souverainement. Et je me dis que ces deux trucs qui ne doivent jamais entrer en contact en classe de chimie sont sur le point d'être déversés à flots dans un récipient unique.

Et puis en moins de temps qu'il n'en faut pour le dire je suis en plein dedans et pas heureuse pour un sou, suant à grosses gouttes.

Évidemment c'est Didi qui commence et, évidemment, il faut qu'elle fasse chier, alors elle choisit Skip, qui choisit la vérité et Didi continue, en deux parties, quelle note donnerais-tu à Alison au lit et, deux, est-ce qu'elle t'a sucé ?

Skip est aux anges. Mais pas Dean et moi non plus. Pour finir Skip fait, je lui donnerais neuf.

Et la deuxième partie ? insiste Didi, et je vois bien que le Skip est moins joice, tout d'un coup, parce que le fait est que non et si je n'étais pas là le menteur ne se gênerait pas pour inventer quelque chose mais là il peut pas, alors il hausse vaguement les épaules et dit non.

Rebecca dit, je ne peux pas croire qu'Alison vaille neuf.

Et Francesca renchérit, surtout si elle ne l'a pas sucé.

Au tour de Skip, hurle Didi.

Moi, moi, dit Rebecca. Choisis-moi !

D'accord, dit Skip, et bien sûr Rebecca prend action et bien sûr Skip fait, ôte tes vêtements. Alors Rebecca se lève d'un bond et se déshabille, les mecs se taisent, assommés, comme s'ils étaient à l'église, pendant que Rebecca étale la marchandise, je dois reconnaître que c'est un joli petit lot, à croire qu'elle fait neuf à dix heures d'aérobic par jour, si j'étais un mec je la baiserais dans la minute qui suit, elles sont vraiment dures à départager, elle et Didi, dans le concours du plus joli corps, et les mecs se retrouvent à ricaner nerveusement et Becca renfile ses vêtements lentement, lentement.

Alors c'est le tour de Becca et quand elle dit Dean, il choisit vérité, bien sûr, les mecs choisissent presque toujours la vérité. Et Becca demande, est-ce que tu bandes en ce moment même et Dean fait oui. Tu parles d'une surprise, avec Dean tu dis le mot nichon et c'est tout juste s'il explose pas la devanture de son froc, alors. C'est toute sa vie, ça, à Dean. Peut-être qu'il en a pas eu assez quand il était plus jeune ? Il m'a dit que pour lui de treize à seize ans la vie n'avait quasiment été qu'une longue érection et comment il redoutait toujours de voir arriver la fin des cours parce qu'il ne pouvait pas se lever et gagner les couloirs en bandant comme un cerf alors il essayait de penser à des trucs violents ou dégueulasses ou pire encore, restait assis comme un crétin en faisant mine de disposer des trucs dans son cahier de textes.

Bon, et Dean prend Skip et je me dis, alerte générale ! Et il lui demande, est-ce qu'Alison t'excite encore ?

Précise, gueule Didi, elle est trop vague ta question.

D'accord, fait Dean, tu coucherais encore avec elle ?

Et Skip, si je coucherais ? L'air vachement entendu, il sourit et finit par dire, et comment ! Et Dean et lui se regardent droit dans les yeux pendant une bonne minute et moi je suis morte, ce qui est en train de se passer est pas du tout à mon goût.

Et Skip se tourne vers moi – je choisis vérité, je ne suis exhibitionniste qu'en privé – et demande, est-ce que Dean te satisfait vraiment au plan sexuel ?

Et moi, oui, complètement.

Skip en reste là, mais il a ce regard du mec qui vient de marquer un point.

Barbant, s'écrie Didi. Elle est toute vibrante, une vraie onde à haute fréquence ! Et, brusquement, je repère un truc pas croyable – Dean a une bizarre expression, il est assis par terre, les jambes sous la table basse et Rebecca est vautrée sur un fauteuil vraiment très bas, tout près de lui et je la vois fourrer la main sous la table et d'après l'expression de Dean, elle vient manifestement de lui saisir la braguette. Dean a cet air très vaguement écœuré quand il lève les yeux et m'aperçoit et moi je pense, ce n'est pas possible, ce n'est pas ce qui est en train de se passer, mais avec Becca ça pourrait très bien se passer, justement. Elle me regarde droit dans les yeux puis soulève le bras et se rencoigne sur son fauteuil avec une expression d'innocence grotesque.

Alors je m'attaque à Rebecca, action ou vérité, est-ce que l'idée de t'envoyer mes mecs te plaît particulièrement ou est-ce que c'est simplement un truc qui arrive comme ça, par hasard, une fois de temps en temps ?

Elle répond, seulement si je les trouve séduisants.

C'est bon, ça, dit Didi. Le quotient de réalité est très élevé dans cette question et dans la réponse.

Et moi je pense à cette fois où on était tous assis dans un bain chaud à East Hampton, dans la maison du paternel de quelqu'un, le pauvre type avec lequel Rebecca couchait cette semaine-là, Alex et moi, Rebecca et son trumeau, il doit bien y avoir dans les deux ans, Alex et moi on sortait encore ensemble, on était quasiment mariés, putain, quand j'y pense, ça devait durer depuis quatre ans, merde. Bref, on était tous dans cet état où on sait plus très bien où on s'arrête et où l'eau commence, tout n'est qu'un même suintement tiède, tous les quatre donc, dans cette grande baignoire remplie d'eau chaude, à boire du Cristal Roederer, complètement pétés aux Quaaludes, et on blaguait plus ou moins, à dire qu'on allait pas tarder à partouzer et, sitôt après, une main plonge et me cherche l'entrejambe, je veux dire que ça pouvait être n'importe qui mais j'ai pigé qu'il s'agissait de comment s'appelait-il déjà, là, Trent, voilà son nom me revient, et d'un seul coup Alex se met à se tortiller avec un grand sourire et tous on est en train de se tripoter en caresses subaquatiques et c'était chouette, on était tous copains et c'était bien ça l'idée, et Alex me touchait aussi mais plutôt pour rire, sans conviction. Alors, comme une conne, je décide de me lever pour aller faire pipi, pourquoi j'ai pas simplement fait dans l'eau, me le demandez pas, la baignoire est dans une espèce de bungalow et il m'a donc fallu ressortir pour rentrer dans la maison et aller aux cabinets. Et ça m'a sans doute pris un certain temps, pour trouver, voire pour ouvrir la porte, parce qu'on était déjà pas mal pétés. Enfin, moi je l'étais en tout cas, j'avais l'impression que mon corps était changé en matelas à eau, enfin, je finis par entrer et je devais être en train de me laver les mains ou je ne sais quoi quand la porte s'ouvre et livre passage à Trent, précédé d'une érection monstrueuse, je me rappelle que je me suis fendu la pêche – comment se balader avec un truc pareil sans se sentir totalement ridicule ? Je me souviens avoir pensé que certaines choses étaient destinées à demeurer subaquatiques et puis Trent m'a alpaguée et m'a fourré sa langue contre les amygdales et moi j'ai fait, eh ! on n'est plus sur les lieux de tournage, le script n'est plus valide ici dans le vestibule et entre-temps, Trent s'efforçait de m'ouvrir les jambes avec son genou j'étais adossée au lavabo et j'essayais de détourner mon visage et c'est à ce moment-là que j'ai aperçu l'interrupteur et constaté que c'était un petit bonhomme de plastique à poil et qu'on actionnait son zizi, vers le haut ou vers le bas pour éteindre ou allumer, tout ça du meilleur goût, pas vrai ? – mais ça allait si bien avec tout le reste. Je balançai à Trent un coup de genou dans les balloches en le menaçant de prévenir Rebecca s'il insistait et lui, se tenant les couilles et gémissant, elle en a rien à cirer, qu'est-ce que tu crois qu'elle est en train de faire, hein ? Et soudain je sors précipitamment pour retourner à la baignoire et elle est vide, il n'y a plus personne, et je cours jusqu'à la maison, je me jette dans l'escalier sur la trace de ces pieds mouillés qui s'estompent de plus en plus et disparaissent, je suis hors de moi, je commence à ouvrir à la volée les portes des chambres à coucher, bien sûr il y en a une bonne vingtaine dans cette putain de baraque. Je les trouve dans la chambre de Rebecca, ils n'ont même pas remonté les draps, je vois le visage de Rebecca sous lui tourné vers moi comme si elle m'attendait, sa bouche ouverte et luisante comme je ne sais quelle créature monstrueuse remontée du fin fond des océans…

Il y a des impulsions qu'il vaut mieux réprimer, non ? Telle ne fut jamais ma façon de penser, j'ai toujours fait ce que j'avais envie de faire, je considérais que toute autre manière d'agir suffit à te transformer en hypocrite comme je l'ai dit à Dean, mais je ne sais pas, au beau milieu de cette épouvantable séance d'action ou vérité, obligée de regarder ma sœur empoigner la queue de mon petit ami, quand je repense à la merde que j'ai semée ou qui m'est arrivée récemment, je commence à me demander si un rien de répression serait une si mauvaise chose. Pour le moment, je donnerais les perles de ma grand-mère pour un petit mensonge innocent. Et de la manière que ce jeu se déroule, je donnerais tout ce que je possède pour un accès d'amnésie.

Je me lève donc pour aller à la salle de bains tandis qu'action ou vérité fait rage autour de moi. C'est encore pire que ce putain de derby. Au bout d'une minute Dean vient frapper à la porte et me demande si tout va bien.

Ça va, ça va, que je dis.

Mais, en fait, c'est la merde. Je ne suis qu'une loque, une épave frissonnante, bourrée, pétée et prête à gerber. Je reste assise sur la lunette des chiottes dix bonnes minutes, la tête appuyée sur les genoux, et puis je reperds conscience.

Alison a l'air crevé, dit Becca.

Une épave frissonnante, dit Didi.

Elle a besoin de secours, dit Becca. Elle me tend cette petite carte minable que j'ai vraiment du mal à déchiffrer. En capitales, pourtant, S.O.S. 55 55. Becca se met à chanter le refrain de *Help !* et Didi chante à l'unisson quelques secondes, puis dit, Ev-er-ett, dis la vérité… combien de filles ?

Environ vingt, dit le lycéen.

Chiffres exacts, dit Didi, on n'arrondit pas.

Peut-être vingt-deux, il fait. Désormais, il a l'air vraiment très malheureux et qui pourrait le lui reprocher ?

Et puis il choisit Dean, action ou vérité ? Et Dean, je crois que je vais garder mes vêtements. Il choisit vérité.

C'est pas juste, dit Becca. On a envie de nudité masculine.

Everett dit à Dean, est-ce que je suis dingue ou est-ce que j'ai vu Rebecca te saisir la – heu, tu sais ?

Tu n'es pas dingue, répond Dean, arborant son sourire à la con.

Bon sang, dit Francesca, ça, ça m'avait échappé.

Rebecca se tourne vers moi pour me regarder. Je voulais simplement vérifier sa réponse quand il a prétendu qu'il bandait, explique-t-elle.

Rebecca on la lui fait pas, dit Francesca.

C'est à Dean, dit Everett.

Et quand Dean prononce mon nom, j'apprécie pas du tout le ton de sa voix. Il me décoche un regard franchement désagréable. Action ou vérité ? il demande.

Vérité, je réponds, j'aurais dû prendre action.

Et il dit, as-tu couché avec Skip récemment ?

Et moi, récemment ?

La semaine dernière, il précise.

Je crois que de ma vie je n'ai jamais autant eu envie de mentir. Mais Skip est présent et il ne me laissera jamais m'en sortir.

Didi, attirée par l'odeur du sang, répète, la vérité, la vérité, la vérité !

Tous les autres deviennent étrangement silencieux.

Oui, je fais.

Je lève les yeux sur Dean, les siens sont d'un beau bleu tendre qui rappelle par moments un océan tropical. Sauf que pour l'instant ils sont froids, mais froids.

Je voudrais m'expliquer. J'aimerais vraiment lui en parler, je crois que je pourrais lui faire comprendre. Non que j'en sois fière.

Voyons, voyons, voyons, dit Rebecca.

On frappe à la porte, hyper chouette ! n'importe quoi pour faire diversion, l'assassinat de sept cents personnes ferait un changement bienvenu dans l'atmosphère qui règne ici et Dean dit, merde, c'est probablement un voisin qui vient faire chier à cause du bruit. Sa voix tremble un chouïa mais il est probablement très heureux d'avoir une affaire normale à traiter pour changer, parce que je vois bien qu'il est très emmerdé et ça me brise le cœur. Je ne crois pas qu'il s'attendait à ce que je réponde oui, il avait tout juste des soupçons.

Et donc il se lève pour aller ouvrir et Francesca secoue la tête comme si elle était vraiment navrée de me voir moi, son amie, déconner à ce point, et puis soudain elle regarde en direction de la porte et pousse un cri suraigu et Skip se récrie non mais bordel ! et Rebecca se met à gueuler, oh non, Mannie, lâche-moi la jambe, merde !

Et, oui, c'est le mec des griffes duquel on est censés avoir tiré Rebecca tout là-bas à Morningside Heights le mois dernier ou je ne sais plus quand. Sauf que je me demande si ce n'était pas l'inverse. Il a encore tiré son couteau. Je sais pas, il a l'air plutôt inoffensif en l'occurrence, plutôt comme une espèce de gadget personnel, son emblème, quoi, son symbole. T'as des mecs qui portent des bretelles, Mannie le dealer sort jamais sans son couteau.

Il a l'air complètement speed mais Rebecca dit qu'il a cessé de dealer pour prendre un boulot et faire d'elle une honnête femme, là il peut s'aligner le mec ! Et il porte un costard et une cravate qui font vraiment bizarre, comme s'il avait pas du tout l'habitude, on dirait qu'il s'est sapé pour visiter la maison de sa grand-mère ou faire bonne impression sur les fonctionnaires qui distribuent les cartes de séjour à l'Immigration.

Il fait des espèces de zigzags dans la pièce, les genoux ployés, le couteau brandi devant lui, comme les flics dans les séries télé quand ils s'attendent à ce qu'on les flingue d'une seconde à l'autre.

Arrête ton ciné, Mannie, dit Becca.

Et Mannie fait, tu m'aimais.

Je baisais avec toi, elle fait, il y a une petite différence.

Eh, mais qu'est-ce que c'est que cette histoire, fait Everett.

J'ai trouvé un boulot, dit Mannie. Tu devais te mettre en ménage avec moi.

C'était ton idée, ça, qu'elle dit, pas la mienne.

Reviens, qu'il sanglote. Et de vraies larmes ruissellent pour de bon le long de ses joues. Il abaisse son surin, qu'il brandissait contre Didi, laisse retomber ses bras de chaque côté de ses hanches. Reviens, je t'en prie, qu'il fait. C'est vraiment touchant.

Mais on n'a passé qu'une nuit ensemble, bon Dieu de merde, dit Becca.

Deux nuits, corrige Mannie, je n'oublierai jamais.

Une, deux, comme tu voudras, fait Rebecca.

Manifestement l'impression produite sur elle a pas été aussi inoubliable.

Il te donne dix sur dix j'imagine, fait Didi sans cesser de séparer des lignes comme si elle voyait des trucs pareils tous les soirs.

Non mais, minute papillon, je veux savoir ce que c'est que cette histoire, moi, dit Everett. Il se lève et dit encore, qui que vous soyez, je crois que vous feriez mieux de vous casser. Et sur-le-champ. Il se tourne vers Rebecca en quête de soutien.

Il peut bien faire ce qu'il veut pour ce que j'en ai à foutre, dit Becca en se passionnant pour l'activité de Didi.

Dis, mon gars, pourquoi tu me donnes pas ton couteau, hein ? fait Everett. C'est un mastard, le mètre quatre-vingt-cinq et bâti faut voir, le genre à avoir joué au Rugby à Dartmouth et le Mannie fait bien trente centimètres de moins que lui.

Je ne sais pas ce qui se passe ensuite – le lycéen fait un geste brusque et Mannie flippe et d'un seul coup le lycéen se tient le bras et du sang lui dégoutte entre les doigts.

Quelle horreur ! fait Francesca.

Dean a suivi toute la scène, ayant déjà vu Mannie à l'œuvre il ne se faisait pas trop de bile, j'imagine, mais maintenant il marche sur Mannie en disant, allez, Mannie, donne-moi ce couteau. Tu me connais, je ne te ferai aucun mal, et c'est à ce moment précis qu'Everett reprend, oui mais moi je vais t'en faire du mal, salopard d'espingouin de mes deux, tu m'as blessé avec ton couteau. Et Mannie a l'air d'un animal pris au piège, je suis vraiment désolée pour le pauvre petit mec, il est paumé, quoi, c'est tout.

Il s'adosse à la fenêtre, pointant le couteau contre Dean et le lycéen, son bras allant et venant comme la queue d'un clebs. Il s'arrange pour grimper sur le rebord de la fenêtre et Dean fait, Mannie, calme-toi, d'accord ? Parlons de ça tranquillement.

Et Mannie, qui souffle comme un bourrin après une course, haletant, fait, s'il te plaît Rebecca, je t'aime. S'il te plaît.

Bon Dieu, le son de sa voix, ce désespoir, on dirait bien ce que j'ai entendu de plus triste de toute ma vie, ou presque.

Rebecca se penche au-dessus du miroir et aspire une ligne.

Je vais me faire du mal, hurle Mannie.

Ne te gêne surtout pas, fait Rebecca.

Allons, Mannie, fait Dean, vraiment apaisant, ce grand drame se poursuit mais bien sûr, je pense à moi, je pense à Dean, quel gentil garçon il est, dans le fond. Je suis fière de sa façon de mener les choses, vraiment, pas comme Skip, et je me dis, merde ! peut-être que j'ai tout foutu en l'air pour toujours, et tout ça se passe dans ma tête en l'espace de trois secondes.

Puis Everett essaie de nouveau de s'emparer du couteau.

Mannie hurle le nom de Rebecca et puis je ne sais plus, soudain il disparaît, il n'est plus là, et Dean se précipite et regarde par la fenêtre. Mon Dieu, qu'il fait, oh, bordel !

Everett est là, planté sans rien faire, en proie à un vertige, tout sanglant et disant, il m'a blessé, et puis Skip regarde par la fenêtre et, sans rien dire, court à la table basse où il s'empare du sac de Didi en disant, vite, il faut jeter ça aux chiottes et tirer la chasse dessus avant l'arrivée de la police et j'ai encore du mal à piger ce qui s'est passé – la police ?

Il me faut une bonne minute pour me rendre compte qu'on est au cinquième étage et que Mannie a sauté par la fenêtre.

11

Haute et moyenne compétition

Alors quand Francesca m'appelle je dors, comme d'habitude, à croire que je n'arrive plus du tout à me réveiller. Je pourrais dormir à jamais. Mais je rêvasse plus ou moins et j'entends la voix de Francesca sur le répondeur et elle est déjà dans mon rêve mais la voix n'arrête pas de dire décroche décroche décroche et moi je me dis que je ne suis pas tellement accro. Puis je m'éveille suffisamment pour comprendre qu'il s'agit du téléphone.

Quoi ? je fais.

Alison, je n'y croyais plus, ça fait deux jours que je laisse des messages sur ton répondeur, où étais-tu passée ? Et moi, j'étais au lit.

Avec qui ? demande-t-elle et je ne dis rien.

Écoute, elle fait, tu ne vas pas me croire, je te le donne en mille, en cent mille, en un milliard, tu ne devineras jamais où j'étais jeudi soir.

Et moi j'attends plus ou moins en me tenant la tête et en me frottant les yeux, et elle fait Alison, quoi ! vraiment impatiente et je me rends compte qu'on attend de moi que je joue l'intérêt alors je demande où ça ?

Chez Mick et Jerry, elle réplique. Tu y crois ?

Je n'y crois pas, je dis, comme si j'en avais quoi que ce soit à cirer. Je veux dire, quoi, ça me fait plaisir qu'elle soit contente mais pour l'instant j'ai la migraine et la gerbe et je me contrefous des mœurs des gens riches et d'une célébrité de mauvais aloi. Je m'intéresse plutôt à la survie des plus aptes, et plus précisément à la question de savoir si je vais sauter le pas ou s'il me faudra aller rejoindre le club des dinosaures et des pigeons dodo.

Je me sens atrocement mal.

Francesca dit, c'était hyper, devine à côté de qui j'étais assise !

Je fais semblant d'écouter un moment et puis je lui dis que j'ai envie de faire pipi et besoin d'avaler une aspirine, je la rappellerai et je sens bien qu'elle est assez outrée que j'aie pas eu d'orgasmes en chaîne devant son joli coup mondain, mais je m'en fous pour le moment, et puis marre.

Peut-être parce que je lui ai collé les glandes elle dit, j'ai vu Dean hier soir, Chez Elio.

Je sais qu'elle a pas fini. Ouais ? je fais.

Et elle, il était avec sa vieille copine Patty.

Je ne sais pas pourquoi ça ne me surprend pas. À vrai dire, je l'ai pas sitôt entendu que j'ai le sentiment de l'avoir déjà su.

Comme je ne dis rien, Francesca ajoute, c'était un con.

Dean n'est pas un con, mais j'ai pas envie de discuter.

Et puis brusquement je fais, dis donc Francesca, quel est le troisième plus grand mensonge ?

Alors là, elle, larguée, hein ?

Tu sais bien, les trois mensonges du siècle, quel est le troisième ? Le premier, j'ai posté ton chèque, le deuxième, je ne t'éjaculerai pas dans la bouche. Quel est le troisième ?

Mais elle ne le sait pas non plus et je lui dis que je la rappellerai.

Je manque presque me rendormir mais je parviens plutôt à me lever et à me traîner jusqu'à la salle de bains en m'appuyant contre les murs. J'avale trois Tylenol extra-forts et puis je regarde ma tête dans le miroir, je suis toute bouffie et marquée de rougeurs, mon bronzage est foutu, mes yeux ont l'air chinois. Je reste là un moment, accrochée au lavabo, pensant gerber, mais ça ne vient pas.

Le bigophone de nouveau, j'ai oublié de remettre le répondeur. Je ne sais pas pourquoi je réponds et c'est Whitney. Alison, qu'elle me fait, tu ne le croiras jamais (et moi je pense, qu'est-ce qu'elles ont toutes à croire que je vais refuser de les croire, au point où j'en suis, je croirais n'importe quelle connerie), je faisais la porte l'autre soir et qui je vois s'amener, ce cher Skip Pendleton avec une minette de treize ans accrochée au bras. Bon, tu te rappelles qu'il soutenait être un véritable expert au Trivial Pursuit et qu'il me massacrerait la première fois qu'on jouerait ensemble ? Eh ben imagine-toi qu'il est là à attendre que je lui fasse signe d'entrer et moi je lui dis, Skip, dis voir, en quelle année les Beatles ont joué pour la première fois à Hambourg et comment s'appelait la boîte où ils ont joué ? Et lui, il se demandait plus ou moins, tu vois, où je voulais en venir, genre. Et je dis Trivial Pursuit, Skipper, et il dit je ne sais pas et je dis : oh, pardon ! mais alors tu ne peux pas entrer. J'ai cru qu'il allait en crever, il était là et je refusais de le faire entrer… et j'ai refusé…

Et elle raconte son histoire interminablement, elle n'en finit pas, et moi je me dis qu'on dirait une débile. Bla, bla, bla. Mais bordel, elle parle exactement comme moi ! Il y a quelques semaines, je me serais roulée par terre en me tenant les côtes alors que maintenant, cette histoire, c'est tout juste si je l'écoute.

C'est pas génial ? qu'elle finit par demander.

Je fais, génial, oui.

Je savais que tu allais adorer, elle dit.

Ma putain de vie ne sera plus la même, je dis.

Oh, eh, je croyais que ça t'intéresserait, vu que c'est Skip etcetera, elle dit. Pas la peine d'être odieuse.

Je lui demande pardon, que j'attends mes règles qui ne veulent pas venir et que je la rappellerai dès que je serai redevenue humaine – mais franchement si je ne devais jamais revoir Whitney de ma vie, ça ne me gênerait guère plus que l'espace d'une nanoseconde.

Je sais pas, c'est à croire que je veux plus avoir affaire aux gens qui étaient présents cette nuit-là. Mais je ne veux plus avoir affaire aux gens, point barre.

Ça fait presque deux semaines. Je n'ai parlé avec Dean que deux fois depuis lors, une fois le lendemain matin, quand il était à l'hosto. Il a appelé pour me dire que l'état de Mannie était stabilisé mais restait critique – comprend qui peut ! Une semaine environ plus tard, je l'ai rappelé. On a essayé de bavarder de choses et d'autres. Il a dit qu'il avait vu Phil et que Didi n'avait plus touché à la came depuis l'accident et qu'elle s'était mise à fréquenter une église de Soho et ne voulait plus voir une ligne de cocaïne jusqu'à la fin de ses jours. Je le savais déjà, je n'entends parler que de ça, jour et nuit, quand je ne suis pas en train de pioncer. C'est même probablement ce qui me fait tellement dormir : elle m'appelle pour prêcher. Elle ne peut parler que de ça, comme elle était mal à l'époque et comme elle est contente depuis qu'elle a arrêté et que grâce à Jésus j'ai su ! Par la grâce divine ce qu'elle peut faire chier ! Je crois que je la préférais camée. Mais j'ai dit à Dean, ah bon ? comme si je le savais pas parce que je voulais lui parler et que je ne voulais pas qu'il raccroche et qu'il nous fallait en dehors de nous-mêmes un sujet de conversation. C'est bien, ça, j'ai dit. Everett a quelques points de suture à la main, Dean a ajouté. Et il m'a dit que la police avait terminé son enquête.

Ils nous ont tous interrogés et nos réponses ont été à peu près les mêmes. Au début ils étaient plutôt méchants, faut dire que quand ils étaient entrés on était tous très manifestement pétés, mais il n'y avait plus un atome de came sur les lieux. Ce qui a emporté le morceau, c'est quand Mannie est revenu à lui et qu'il a dit que c'était sa faute. Il avait voulu faire peur à sa copine et avait glissé sur le rebord de la fenêtre. L'accident bête qui aurait pu arriver à n'importe qui, vu ? Au même moment, plusieurs millions de crimes s'étaient commis dans la jungle d'asphalte et les flics furent trop heureux de classer l'affaire. Tout le tintouin se ramena à un petit paragraphe dans le *Post* et un entrefilet dans les *News*, il tombe du cinquième étage par la fenêtre dans l'Upper East Side et survit à sa chute. Merde, tiens ! Skip occupait beaucoup plus d'espace la dernière fois qu'il a organisé une fête chez lui.

Rebecca est partie le lendemain. Elle avait essayé de quitter l'appart avant l'arrivée des poulets mais Dean l'en a empêchée. Le lendemain, elle était partie. Je le sais parce qu'Everett a téléphoné ici quand il la cherchait. Il m'a dit qu'il avait cinq points de suture à la main, là où Mannie l'avait poignardé. Voilà deux ou trois jours, il y avait sur le répondeur un message crachotant de Rebecca, elle est dans cet hôtel incroyable, dominant le lac, en Suisse, à Lugano, elle boit du champagne et becte du chocolat radioactif. Elle m'a dit qu'elle bandait complètement pour un nouveau mec génial qu'elle a rencontré. C'est toute sa vie ça, à Rebecca.

Jeannie est partie voir Frank en Californie du Sud. Ils se sont réconciliés après qu'Alex a téléphoné pour dire qu'il pouvait pas venir le week-end suivant et qu'il doutait fort d'y arriver le week-end d'après. Jeannie a bossé tard ces derniers temps et pendant le déjeuner, elle se perd dans la contemplation des motifs de la porcelaine et de l'argenterie ; comme moi je dors le reste du temps, on n'a pas beaucoup parlé elle et moi récemment et je sais pas trop ce qui se passe dans sa tête. Il semblerait que je doive chercher un autre logement dans la mesure où son vieux me juge irresponsable et pense que nous formons à nous deux un tandem dangereux. Ce n'est pas vraiment la faute à Jeannie, j'imagine. Elle dit que je peux rester aussi longtemps qu'il me faudra pour trouver autre chose, mais Francesca m'a dit que je pouvais m'installer avec elle et je me dis que le changement fait autant de bien que le repos.

Il y a quelques jours un quelconque ami de Rebecca a bigophoné il a dit qu'il était négociant en joaillerie et qu'il voulait acheter les perles, alors je vais les lui porter demain, je sais pas ce que je pourrais faire d'autre.

Mon père dit qu'il est fauché. C'est des foutaises complètes mais qu'est-ce que j'y peux ? Est-ce qu'on peut poursuivre son propre père pour non-assistance ? Il m'a balancé un chèque de cinq cents dollars – le truc c'est, petit coup de sifflet, merci papa ! – mais ils étaient dépensés avant même d'avoir été encaissés. Je dois de la thune à tout le monde. La dernière chose que Dean m'ait dite a été, tu as besoin d'argent ? et moi, comme une conne, j'ai dit non.

Je sais, il faut que je trouve un job, j'imagine que je vais faire serveuse – putain la perspective vraiment déprimante, mais pour le moment, j'ai du mal à sortir du plume, je suis même pas allée au cours depuis une semaine. Ça me rassurerait probablement sur mon propre compte si j'étais capable d'aller travailler mon instrument, mais je me sens trop mal pour prendre cette peine, c'est le cercle vicieux, je te raconte pas. Ou le cycle ? Dean me disait d'ordinaire ce genre de chose. Encore un ou deux mois avec lui et j'aurais commencé à me sentir cultivée.

Dean a dit qu'il se repliait sur son travail, qu'il s'organisait pour de bon, tôt couché, tôt levé, qu'il tenait un journal et travaillait à quelques idées de pièce. J'ai bien senti que c'était dirigé contre moi, qu'il me rendait responsable de ses frasques. Il y a eu un énorme glissement dans le marché des obligations voilà quelques semaines, et il a vraiment flippé pour de bon, il est comme un pécheur réformé, maintenant, ou je ne sais quoi. Il s'est soudain avisé qu'on risquait de lui indiquer la porte avant qu'il ait engrangé son premier million. C'est pas que je sois experte en matière de jobs mais peut-être qu'ils sont comme des amants – un jour craignos et débiles et soudain désirables quand on croit qu'on va se faire jeter. Je sais pas, quand je l'ai rencontré il venait de rompre avec la nana qui était avec lui depuis longtemps et il était tout prêt à se jeter tête la première dans l'irresponsabilité. Maintenant qu'il s'est suffisamment gratté là où ça le démangeait il lui faut quelqu'un à qui il puisse reprocher son propre comportement puéril, parce qu'il a de nouveau envie de se comporter en adulte. Quand on passait des nuits blanches, il lui arrivait de sombrer dans la panique, d'avoir un gros accès de culpabilité bourgeoise pénétrée de la nécessité d'être un citoyen productif, alors que la veille il aspirait à la vie de bohème, vu ? Et puis il s'en prenait à moi et devenait carrément bizarre le matin. Enfin quoi, c'était pas moi qui lui disais de rester debout toute la nuit, personne lui tenait la main pendant qu'il préparait les lignes et servait à boire.

Et maintenant, après un bref stage auprès des filles de mauvaise vie, c'est retour à la sérieuse mûre et responsable Patty. Fini les nanas postmodernes, retour au bon vieux boudin à l'ancienne. Patty doit être dans le genre banquière ou je ne sais quoi, je la vois d'ici dans ses chaussures raisonnables avec sa petite mallette, ou pendant les week-ends à la cambrousse en tweed de chez Talbot, occupée à faire des mots croisés en sirotant du décaféiné ou courant les brocs pour se meubler. Passe-moi le *New Yorker*, mon cœur. Mais comment donc, ma clématite !

Dean a beau connaître quasiment tout Shakespeare par cœur, il peut bien faire valser des millions de dollars par jour sur l'argent des autres, il a beau être malin quand il s'agit de comprendre son prochain, il reste un étranger pour lui-même. J'avais parfois envie de l'entraîner tout simplement jusqu'à un miroir en disant : Dean, je te présente Dean. De le faire asseoir en sa propre compagnie et de traduire en bon anglais d'Amérique ce qu'il dit.

C'est ça Dean. Francesca se trompe, c'est pas un con. Il est con mais c'est pas un con. C'est moi qui ai déconné. J'ai fait un truc qu'il pouvait pas avaler et on peut pas vraiment lui en vouloir.

Je sais pas, il m'a fait le même coup en baisant Cassie Hane. C'est probablement pour ça que je l'ai fait. Je l'avais appelé un soir, quelques jours avant cet Action ou vérité assassin pour lui demander de m'emmener dîner quelque part et il m'avait dit qu'il pouvait pas, qu'il devait voir des amis. Ce qui m'avait vraiment collé les glandes c'était qu'il me donne pas la moindre explication. C'était comme ça et puis marre. Tu vois, il aurait pu dire qui étaient ces amis si importants et si chichiteux qu'ils n'auraient pas supporté ma compagnie, mais non, rien. J'ai dit très bien, d'un tel ton que même Dean a su que j'avais les glandes et j'ai raccroché. Et puis j'ai attendu qu'il me rappelle et ce nullard n'en a rien fait. J'en étais malade. Tellement malade qu'une heure et demie plus tard c'est moi qui l'ai rappelé et je suis tombée sur son répondeur. Alors j'ai appelé le petit ami de Cassie Hane, Peter. J'ai pas dit qui j'étais, j'ai seulement demandé Cassie et il a dit non, qu'elle avait un appart à elle et j'ai dit, vous savez comment elle a décroché cette pub pour Barney ? Dean Chasen est copain copain avec le type qui dirige cette agence. Et lui, qui est à l'appareil ? Et moi, une amie, je supporte pas de la voir vous ridiculiser. Et j'ai raccroché. Ensuite j'appelle Cassie et je prends l'accent du Sud que je sais imiter à la perfection à cause de toutes les nanas qui faisaient les concours hippiques et je fais, Cassie chérie, ça m'ennuie d'être celle qui annonce les mauvaises nouvelles mais je vous ai vue l'autre soir en compagnie de Dean Chasen et je me dis que ça pourrait vous intéresser de savoir qu'il m'a refilé une sale petite infection. Et elle fait, qui est à l'appareil ? mais j'ai déjà raccroché.

Et du coup, quand Jeannie s'est amenée en demandant si je voulais partager un gramme avec elle j'ai dit bien sûr. Une fois le gramme sniffé on est allées au Surf Club où on a trouvé Didi, et aussi Skip. Il m'a fait un rentre-dedans vraiment complet, avec regards fumants et allusions sexuelles appuyées. Je sais pas, j'avais pas mal picolé, c'était le moment de la soirée où Magilla le Gorille peut se mettre à sembler beau et Skip est pas un gorille, il est même assez beau garçon, sans compter que je me rappelais qu'il était plutôt bien au pieu. Et puis j'étais fâchée contre Dean. C'est à ça que ça se ramenait, au fond, toute l'histoire, quand Skip et moi on a fait souffrir son grand lit bateau, on baisait ensemble, un peu, mais c'est surtout Dean qu'on baisait, tous les deux.

J'aimerais mieux que ça ait pas eu lieu, mais que voulez-vous, c'est fait, c'est fait. Je pense à l'appeler, un moment, mais je m'abstiens, j'allume la téloche et je regarde Amour, gloire et beauté. Et puis je me rendors.

Quand je vais voir ma gynéco je lui dis que je me sens mal que j'ai envie de gerber et que je dors tout le temps. Elle me demande pour mes règles et je me souviens pas vraiment. Je prenais la pilule quand j'ai commencé à sortir avec Dean mais j'oublie parfois de la prendre et je n'arrive pas vraiment à me rappeler quand au juste j'ai fini la plaquette. Je sais pas, pendant un bout de temps, à l'époque, je m'en suis remise à la bonne vieille méthode de l'interruptus qui est à peu près aussi sûre que la roulette russe. Y a deux ou trois mois de ça. Dans la mesure où j'ai pas eu d'ennuis, je m'étais dit que c'était bien le diable si j'arrivais pas à m'en tirer avec la pilule. Ma gynéco arrête pas de me répéter que je devrais leur faire porter la capote mais je l'ai en horreur et les mecs aussi. Le sexe sans danger, hein ? C'est comme la vérité en publicité – une espèce de contradiction dans les termes.

Et bref, la gynéco se fourre le doigt dans l'œil à mon avis mais enfin elle prélève un peu de sang pour un test de grossesse en plus du reste et me renvoie sans m'avoir prescrit le moindre barbiturique ce qui me colle une vraie déprime. Va falloir que je me trouve un autre toubib. Merde quoi, pour cent dollars, j'ai l'habitude de m'envoyer en l'air !

Et je vais donc au rendez-vous de ce mec qui veut acheter le collier, à Jackson Hole. Le genre petit chauve dans les quarante balais, on dirait mon père. Une peau dégueulasse, les pores de son nez ressemblent aux nids-de-poule de la Deuxième avenue, on y perdrait un taxi. Le vrai charmeur, quoi. Il porte un brillant incroyablement ringard et une Rolex géante. Si on me demandait la liste de ce que j'aime le moins, les bijoux pour les hommes seraient tout en haut, en haut !

Après qu'on s'est assis, je tire les perles de mon sac – elles sont dans un écrin de velours bleu – et il les pose sur la table et se met à me regarder moi au lieu du collier. Il fait, votre sœur Rebecca est ravissante, je l'admire beaucoup.

Je fais, elle a un succès monstre avec les garçons.

Et lui il fait, mais je vous trouve plus jolie.

Si c'était vrai vous seriez le premier, je lui dis.

Pour lui rappeler discrètement la raison de notre présence à tous les deux j'ouvre l'écrin. Il prend le collier et le tient dans la lumière, se fiche une espèce de petit télescope dans l'œil et l'examine en fermant l'autre œil. Enfin quoi, c'est forcément une comédie, je sais très bien pour qui il achète, mais faut reconnaître qu'elle se donne un sacré mal pour que ça ait l'air authentique, la salope.

Quand la serveuse s'amène dans le coin je commande un hamburger superstar parce que ça fait deux jours que j'ai pas becté et que je suis franchement morte de faim et puis je me dis que je lui dirai que j'ai oublié mon portefeuille. Je suis vraiment dans le coltar, l'espace d'une minute je manque tomber dans les pommes, ma vision se trouble complètement.

Au bout d'un moment il fait, il est joli, pas mal du tout. Puis il relève les yeux et dit : saviez-vous que les perles sont un symbole de pureté ? Je secoue la tête, la bouche pleine de hamburger.

Je parie que vous êtes pure, il fait.

Et moi du tac au tac, ben oui.

Et lui, je parie que vous sortez pas avec n'importe qui.

Et quand j'arrive enfin à avaler cette grosse bouchée de bœuf je lui dis, en fait, je baise avec quasiment n'importe qui. Mais dans votre cas, je crois que je vais faire une exception.

Et là, il en est vraiment pas revenu, il est resté comme un con, que j'utilise un langage pareil.

Et combien pour le collier ? je fais et il finit par m'en offrir deux mille cinq cents et j'accepte, il a le liquide sur lui – un mec qui porte des bijoux en or est du genre à se trimballer un énorme rouleau de billets, non ? –, je le prends et le laisse régler mon hamburger et je sors du resto toujours dans le coltar et je gerbe tout partout sur le trottoir, je vous raconte pas.

Et ce mec qui vient d'acheter les symboles de pureté de ma grand-mère sors du resto pour me regarder m'essuyer le visage et dit comme ça, ça vous dirait de venir chez moi vous étendre un petit peu ?

Je refile la quasi-totalité de la thune à Jeannie parce que même si son père a couvert l'arriéré du loyer il reste le mois passé et le téléphone et ça absorbe la presque totalité de mon petit héritage. Et, bien sûr, elle décide aussitôt qu'il faut qu'on achète dans les six grammes. Mais c'est moi qui suis irresponsable, vu ? Bon, d'accord, la preuve que je suis un peu irresponsable, c'est que je ne proteste pas trop contre cette idée. Mais ça fait une éternité que j'ai pas parlé avec Jeannie et je voudrais assainir l'atmosphère, vous voyez ? Quand même, Jeannie et moi on se connaît depuis tellement longtemps, non, et puis je me sens si mal que rien pourrait me faire sentir encore pire et si je ne prends pas de stimulants, ce sera de nouveau vingt heures au plume.

On reste à l'appart et on parle toute la nuit. C'est génial. On commence par parler de Didi et de ce que ça a de formidable qu'elle ait décroché parce qu'elle était vraiment dans la merde, elle, elle avait vraiment franchi le cap.

Ensuite on se met à parler des mecs, naturellement. Jeannie dit qu'elle sait pas, elle n'est pas sûre pour Frank, voilà, est-ce qu'elle a vraiment envie de passer ses jours avec ce mec qui était déjà un peu tristounet au départ et qui en plus l'a trompée avec une connasse ? Frank pousse à la roue pour que la noce ait lieu à l'automne et Jeannie se fait prier. Je lui dis qu'elle sait ce que je pense du mariage, je veux dire que ça marche peut-être pour des gens qui ne désirent pas grand-chose et n'ont aucun amour-propre, mais qu'on me montre un ménage heureux, et je vous ferai voir une imbécile et un hypocrite ou vice versa, genre, ne m'attends pas ce soir, chérie, j'ai une réunion au bureau. D'accord, mon chéri, mais ne te surmènes pas.

Je ne fais même pas allusion au fait que Frank possède une des plus petites queues que j'aie jamais connues. Cinq centimètres d'acier palpitant.

Alors, au bout d'un moment, on se met à bavarder du bon vieux temps des circuits hippiques, là où on s'est connues, en partageant des chambres dans la moitié des Hilton d'Amérique, à dada quand le reste du monde allait soit en classe soit dans les soirées, à dada toute l'année pour tenter de se qualifier pour les trois grands événements annuels : Harrisburg, Washington et Madison Square Garden. On appelait le service en chambre et on flirtait avec les chasseurs et les lads et les juges, et voilà que tout ça arrive à sa fin, on dirait, je veux dire il y a longtemps que c'est fini, quelques années en tout cas, mais pour ainsi dire on a grandi ensemble sur la route et en selle on est venues à New York ensemble et maintenant je vais m'installer chez Francesca et j'ai bien l'impression qu'on se verra plus beaucoup, Jeannie et moi, désormais. Elle m'a baisé la gueule, c'est vrai, mais ça me déprime quand même salement, parce que ce qui viendra ensuite, quoi que ce soit, ce sera plus pareil, voilà.

Et Jeannie est toute excitée à propos de quelque chose qu'elle est en train de raconter et que j'écoutais qu'à moitié, une histoire de chevaux, et la voilà qui se met à chialer en répétant c'était pas juste, c'était pas juste et j'y pense encore aujourd'hui.

Elle est dans tous ses états, paraît-il, à propos d'un concours qui avait eu lieu à Long Island et que j'avais remporté dans la catégorie « moyenne compétition ». C'est une catégorie très politique, de toute manière, tout dépend des juges. En haute compétition, si on saute bien, c'est une simple question de temps et c'est plus rigolo. Les chevaux sont plus minces et plus rapides et personne ne peut vous souffler votre victoire sous le nez. En moyenne compétition on a des montures beaucoup plus grosses, très belles, et elles sont jugées prétendument sur le style. Et quand je dis prétendument…

Et donc ce jour-là Jeannie était partie avant moi, elle montait Patrick Henry, un cheval magnifique et elle avait fait un très beau parcours, un sans faute, je l'avais regardée depuis mon stand et puis je m'étais lancée avec mon cheval, Eric the Red. Eric était d'une très sale humeur, je me demandais pourquoi mais quand je me suis mise à sauter, je me suis rendu compte qu'il boitait. Il a raté deux obstacles et en a accroché un troisième à la descente. Je faisais de mon mieux pour le tenir, il boitait salement bas, et je me disais, tenons jusqu'au bout, c'est tout.

Et vlan ! Eric the Red et moi on remporte le prix dans cette catégorie.

Il se passait quelque chose de bizarre dans la cabine des juges, ne me demandez pas quoi. Peut-être que mon père avait raqué quelqu'un, peut-être encore qu'un autre avait été séduit par mon cul en culotte de cheval, va savoir.

C'était tellement injuste, fait Jeannie, je l'ai jamais oublié.

Et moi, bienvenue dans le monde réel, Jeannie, ça te fera les pieds.

Parce que c'est ça la différence entre la haute et la moyenne compétition. La haute, c'est équitable, tu cours contre la montre. Mais la moyenne, c'est politique. Sacrée préparation pour l'existence, non ?

Parce que, voyons les choses en face, qu'est-ce qui est juste, hein ?

Jeannie arrête enfin de chialer assez longtemps pour me dire qu'en fait elle a toujours été en rivalité avec moi, que même qu'elle m'adore, elle a toujours essayé de me surpasser en tout et n'a jamais eu l'impression qu'elle pourrait y arriver. Comme si je savais pas tout ça par cœur et je fais, c'est pas grave tu sais, et l'espace de trois minutes on est les meilleures copines du monde, tout va bien, et on parle de choses vraiment cons et dénuées d'importance qui nous semblaient primordiales à l'époque et elle finit par me dire je vais t'offrir le plus bel anniversaire qu'on ait jamais vu et puis elle fait *ooops !* en portant la main à sa bouche comme si elle venait de trahir un immense secret.

Je m'étais plus ou moins imaginé que mes amis allaient faire quelque chose pour marquer le coup. Je l'espérais. Dans dix jours j'aurai vingt et un ans. J'ai l'impression d'être sur terre depuis vachement plus longtemps que ça. Qui c'est, tiens, cette bonne femme qui fait le tour du pays dans les Ramada Inns en racontant qu'elle est un homme vieux de quarante mille ans, et qui fait raquer des centaines de dollars aux gens pour l'écouter parler de sa fausse voix de baryton d'une sagesse venue du fond des âges ? Je vais vous dire moi, son truc, c'est une imposture, le seul homme de quarante mille ans véridique c'est moi.

Et je suis ici pour vous dire, sans vous demander un sou, que ça fait chier.

12

Bonne nuit mesdames

Bien sûr avec ma chance, je suis enceinte pour de bon. La lapine meurt et faudra donc que j'entre vraiment en clinique cette fois-ci. Je n'arrive pas à y croire. Et j'ai pas dix ronds, je suis en dette à l'égard de tous les habitants de l'hémisphère occidental. Je suis comme une saloperie de pays du tiers monde – les caisses sont vides et la natalité est en plein boum ! Merde alors. Le plus craignos c'est que je sais même pas de qui il est, ça peut être Skip comme ça peut être Dean le père. Si ça m'était arrivé il y a deux ou trois mois, les suspects auraient été une bonne vingtaine, mais même deux, c'est trop. Francesca et Jeannie veulent que j'appelle Dean, elles disent que c'est juste. Pas question. Je préférerais encore avoir l'enfant que d'appeler Dean et je ne compte pas avoir l'enfant.

J'appelle d'abord ma sœur Carol, et elle se montre très réconfortante. Je sais pas ce que je ferais si j'avais pas Carol comme interlocutrice, par moments, elle dit que si je trouve pas la thune elle fera cracher son petit ami, il est riche et elle le menacera d'un embargo sur le sexe s'il fait des difficultés.

Je fais, où est papa ? et elle dit qu'il est à Cancun avec une nouvelle pépée. Ce qui est parfait. Chaque fois que j'ai besoin de mon vieux, il est sur une plage avec une petite chatte brûlante de dix-neuf ans. C'est toute sa vie, ça.

Ensuite j'appelle son bureau, à mon vieux, et sa secrétaire prétend qu'il est en voyage d'affaires en Europe et puis elle dit je viens de vous poster le chèque pour payer vos cours.

Incroyable, j'y crois pas. Quelque chose qui se passerait comme il faut dans ma vie ? Je dois rêver.

Alors je prends rendez-vous pour la semaine suivante et je me sers du fric des cours, ce qui a un côté assez ironique puisque la dernière fois j'avais payé mes cours avec la thune destinée à mon prétendu avortement. Comme si ça suffisait pas j'aperçois Skip Pendleton quelques nuits plus tard, il est accompagné d'une espèce de grande chose anorexique et fait semblant de ne pas me voir. En attendant les seins me font un mal d'enfer et j'ai l'impression d'être en train de gonfler comme un gros ballon. J'essaie de pas trop penser au truc qui est en moi, je veux dire, même si c'est une personne et pas un poisson, j'ai envie de lui crier, ah, crois-moi ! c'est un service que je te rends. Personne ne devrait être obligé de s'appuyer une telle merde.

Je suis tellement à côté de mes pompes que je m'aperçois même pas que le rendez-vous tombe la veille de mon anniversaire. Et puis, une fois que je m'en suis aperçue, je me dis après tout merde, je veux en finir avec cette histoire. On me dit que je pourrai quitter la clinique le jour même et que, s'il n'y a pas de complications, je serai en pleine forme un ou deux jours après. Je réponds que je n'aurai que vingt-quatre heures avant le premier du restant de mes jours.

N'allez pas croire que j'ai beaucoup ramolli dans mon grand âge mais je décide d'aller voir Mannie à l'hosto. Il est à Lenox Hill, je peux y aller à pied.

Quand j'arrive, devant la porte t'as ces deux vioques qui font une course en fauteuil roulant sur le trottoir et les gens applaudissent et gueulent des encouragements. Ils sont facilement octogénaires mais ils se mettent à foncer, y a des passants qui doivent s'écarter d'un bond et puis une infirmière et un aide-soignant s'amènent qui commencent par les engueuler puis les prennent en chasse.

Mannie a l'air d'un dessin humoristique d'accidenté – il est entièrement enveloppé de plâtre, on dirait une momie en traction. Sa tête est assez bandée aussi mais on voit son visage et quand j'arrive il ouvre les yeux et se met à sourire comme un fou, je ne sais pas s'il se rappelle qui je suis ou s'il est comme un bébé qui sourit à tout et n'importe qui.

Alors je fais, c'est Alison, la sœur de Rebecca, tu te souviens de moi ? Et brusquement je me sens très mal, je me dis que peut-être j'aurais mieux fait de pas parler de Rebecca, vu ?

Il sourit, le mec est béat, ou bien ils lui refilent je ne sais quelle drogue vraiment géniale, ou bien il est réellement content de me voir.

Je suis vraiment navrée, je lui fais.

Je sais, pas la peine de me le dire, je suis la reine de la formule à la con qu'on ferait mieux de garder pour soi, et puis après ?

Alors, simplement pour faire quelque chose, me donner une contenance, je m'assieds dans un fauteuil au chevet de son lit. Il sourit toujours, ça commence à me porter sérieusement sur les nerfs, c'est comme s'il savait quelque chose que j'ignore, alors je finis par dire, Rebecca m'a dit de te saluer, elle a dû quitter la ville précipitamment. Elle avait des affaires importantes mais elle m'a demandé de surveiller ce qui se passait pour toi et de te dire bonjour et tout.

C'est un mensonge complet, je ne sais pas pourquoi je l'ai dit, sauf peut-être pour qu'il se sente mieux.

Encore quelques minutes de sourire béat et je fais, c'était bien un accident, non ? Il a le visage très blanc, blanc et rouge là où il est coupé et recousu, il a l'air d'un tableau dont les couleurs seraient toutes fausses, n'imitant pas la réalité.

Sa bouche se met à remuer et je me penche plus près de lui pour entendre ce qu'il raconte. Dans une espèce de chuchotis graillonneux il finit par dire : dis-lui que je l'aime.

Alors là, je lui balance, mais t'es dingue ou quoi ? T'es fou, complètement à côté de tes pompes, c'est ça ? Écoute, je regrette d'avoir à te le dire mais c'est la salope totale, elle se fout complètement de toi, elle se fout complètement de tout le monde en dehors d'elle-même, elle a même pas demandé de tes nouvelles. Voilà le genre de nana que c'est, Rebecca.

Il me regarde pas vraiment, il me traverse de son regard, il sourit encore, et je dis mais qu'est-ce qu'elle a ? Dis-le-moi, je meurs d'envie de le savoir, ça me tarabuste pour de bon.

Tout ce qu'il fait c'est de répéter – dis-lui que je l'aime.

Je dis, pardon Mannie, je parlais pas sérieusement, c'était la jalousie, c'est tout. Becca a dû quitter la ville, elle m'a chargée de venir te voir et t'embrasser de sa part, je suis sûre que tu la verras bientôt.

Je sais même pas s'il m'entend. Je le laisse à son sourire de créature d'un autre monde, une espèce de sectateur de Moon, un mec largement au-delà de notre logique et des faits. Le truc c'est qu'il a l'air heureux, et c'est plus que ce qu'on peut dire du reste d'entre nous.

Francesca m'accompagne à la clinique. Elle a perdu dans les dix kilos depuis deux semaines et elle est superbe. Je lui fais promettre de pas appeler Dean quoi qu'il arrive. On attend dans la salle d'attente avec des tas de *Mademoiselle* et de *Ladies'Home Journal* sur la table basse, au cas où juste avant de se faire avorter on serait contente d'avoir un tuyau sur la meilleure façon de bronzer cet été ou un truc infaillible pour réussir une génoise supermoelleuse qui mettra le petit mari dans tous ses états et puis on appelle mon nom et je me déshabille, j'enfile la jupette en papier, je grimpe sur la table, et je colle mes pieds dans les étriers dont le contact frais est agréable.

Je veux des drogues, je fais, dès que le toubib se montre.

J'ai entendu dire qu'ils administrent du Demerol et je leur dis que ma tolérance est monstrueuse, de ne tenir aucun compte du dosage normale, mais le toubib répond que pour les patients non hospitalisés, ils recommandent seulement une anesthésie locale. Évidemment, le truc, je le préférerais universel. La gynéco me colle une aiguille dans l'utérus et j'essaie de me concentrer sur un exercice de mémoire sensorielle, je le fais sur Dean, je l'imagine assis dans son fauteuil où il lit d'ordinaire, ou parle de Shakespeare, ou de la bourse, ou de n'importe quoi, je recrée les expressions de son visage, son sourire de traviole, je le place juste à côté de moi et il parle. Pas question de sexe – ils sont en train de me passer les boyaux à l'aspiro-balai… la locale ne suffit pas à supprimer la douleur et c'est dur de faire mon exercice de mémoire sensorielle, dur de se concentrer, l'image n'arrête pas de m'échapper, son visage, sa voix, ne cessent de s'estomper comme sur une mauvaise télé au beau milieu de rien…

Du coup j'essaie de me rappeler la comptine qu'on chantait à l'école – Marie Moire Moire Moire Toute vêtue de noir, noir, noir… mais je laisse le reste sous un flou…

Après ça fait atrocement mal. On me colle encore une piquouse incroyablement douloureuse pour me refermer l'utérus et après ça, je suis plus qu'une crampe.

Francesca me remmène à la maison dans un tacot et Jeannie se pointe avec du Valium 10 et je pars à la dérive dans une espèce de mort cérébrale qui dure dans les seize heures.

Jeannie me réveille un peu après midi, elle m'a acheté deux douzaines de roses et m'apporte mon courrier sur un plateau de petit déjeuner, cartes d'anniversaire de Carol, d'elle-même et de ma mère et d'un tas d'autres gens. Rien de mon père. Même pas une putain de carte.

Des messages ? je fais, et Jeannie dit que Francesca a appelé pour demander comment je m'en tirais et voilà.

Je traîne au lit toute la journée, je me sens pas exactement en pleine forme, mais à quoi bon se plaindre.

Maman appelle un peu après cinq heures, c'est quand le tarif diminue et elle fait très attention à ce genre de détails mais dépense cent cinquante dollars sans sourciller pour faire toiletter le caniche.

Joyeux anniversaire ma chérie, qu'elle fait, te voilà entièrement adulte désormais !

Merci beaucoup, je fais.

Tu as eu ma carte ? elle demande.

Je l'ai reçue, merci, je fais.

Alors elle se met à me parler de son amant, combien il s'est montré inattentif et irréfléchi, comment il n'est pas sensible à ses besoins à elle et patati et patata. Elle arrête plus, elle est pas encore bourrée, mais j'entends tinter les glaçons à l'autre bout du fil. Ce n'est pas que je compatisse pas, mais ça a quelque chose de déprimant, un petit peu, parce que pour une fois, aujourd'hui, pour mon anniversaire, on aurait peut-être pu parler un petit peu de moi. C'est moi la petite fille, non ? même si je suis censée être devenue toute grande d'un seul coup, c'est moi qui aurais peut-être besoin d'un petit conseil, et j'en suis à me demander à quoi ça peut bien servir d'être adulte, sauf peut-être à avoir la loi de son côté quand on boit de l'alcool dans tous les États de l'Union, maman, elle pourrait aussi bien avoir seize ans, à l'entendre parler…

À la fin des fins je lui dis qu'il faut que j'aille m'habiller pour ma soirée et je lui demande si elle sait où est papa. Non, mais elle est sûre qu'il va téléphoner.

Tout juste.

À sept heures Jeannie dit que l'heure est venue de s'habiller et m'aide à choisir une tenue, tout ça noir, jupe de cuir de chez Fiorucci, et un haut de soie, bas à résilles et une paire de pompes géniales de chez Bennis et Edwards que j'ai empruntée à Didi il y a quelques mois de ça.

Tu vas te faire violer dans la rue, dit Jeannie après avoir examiné ma tenue.

On viole pas les consentantes.

Je te reconnais bien là !

Je suis en forme, je fais.

Didi et Francesca se sont cotisées pour m'envoyer une limousine, et on la prend toutes les quatre pour aller chez Sam attendre le reste de la bande, une table pour seize, les récidivistes habituels. Everett le lycéen de Rebecca est présent me demandez pas pourquoi, il est tout ramolli et sentimental guimauveux, alors peut-être que d'assister à mon anniversaire ça lui rappellera assez Becca pour qu'il puisse continuer à être horriblement malheureux. Et puis Whitney, et Mark du salon de beauté U.V. et une bande d'autres débiles qui sont tous mes amis plus ou moins, et quand j'entre, tout le monde se lève d'un bond et y va d'un – joyeux anniversaire, Alison ! – et moi je fais le tour de la foule en me disant que Dean sera peut-être là mais il n'y est pas et pourquoi y serait-il je vous le demande, hein ?

Et alors on bouffe ce grand dîner, enfin, certains d'entre nous, pendant que les autres ne cessent de se rendre aux toilettes, Jeannie a de quoi sniffer, ainsi que Mark, Didi n'arrête pas de hurler que nous sommes de sales drogués et qu'on la dégoûte. C'est effarant, elle ne s'aperçoit même pas que c'est ironique, pour ne pas dire plus. Quand on se met à chanter tous en chœur la grâce divine, elle se fout en rogne pour de bon.

Au bout d'un moment ça commence à se déchaîner un peu. Le lycéen essaye de casser la gueule du garçon, me demandez pas pourquoi. C'est le genre à se battre quand il est saoul et puis il a le cœur brisé. Il me propose de m'épouser à un moment de la soirée mais je le remercie, je ne crois pas au mariage et il fait, c'est un point de vue respectable, il prononce les mots avec un soin immense, comme s'il avait peur de les casser en les laissant tomber. Ensuite il offre de payer tout le repas et tout le monde trouve que c'est une très chouette idée, brusquement il se lève et cogne son verre avec sa cuiller jusqu'à ce que le verre se casse, alors c'est à coups de poing sur la table qu'il réclame l'attention de tous puis il jette des regards circulaires comme s'il ne savait plus très bien où il était, puis ça lui revient. Il remue la tête comme pour échapper à l'attaque d'un minuscule chasseur-bombardier en piqué qui lui aurait fait du rase-mottes sur l'occiput. Et puis, très sérieux, il fait, aujourd'hui, c'est l'anniversaire d'Alison.

Tout le monde s'excite, pousse des cris, en partie parce que c'est effarant qu'il arrive encore à parler, pour se rappeler de l'occasion.

Aujourd'hui, poursuit-il, Alison est adulte.

Cette idée est saluée d'un tas de cris d'animaux. Le lycéen est même atteint de plein fouet par une part de cheesecake qui s'écrase sur sa joue.

Je parle sérieusement, qu'il fait. Je dis ce que je pense. J'adore cette fille, non, cette femme.

Alors, évidemment, Didi et Francesca se mettent à chanter « No Woman, No Cry » de Bob Marley.

Everett agite les bras pour exiger le silence, il a encore la main bandée là où Mannie l'avait blessé, et il dit, j'aime sa sœur, mais je l'aime aussi. J'aimerais vous inviter à dîner tous tant que vous êtes parce que vous êtes tous des amis de Rebecca et que j'aime Rebecca et donc vous tous.

Et donc tout le monde crie des hourras et balance des trucs à la gueule du lycéen mais moi j'ai un drôle de pressentiment à propos de son offre si généreuse. Et ça loupe pas : quand le garçon lui apporte l'addition il se rappelle que Rebecca a emporté toutes ses cartes de crédit.

Plus tard on part Chez Nell et puis au Zulu Lounge et on termine chez nous mais c'est trop petit et le lycéen dit qu'il a gardé sa suite au Stanhope, n'ayant pas les moyens de payer, il est obligé de rester. On y va, c'est presque l'aube désormais et Jeannie fait la quête et court chez Émile.

La fête se poursuit pendant deux jours.

Il y en a qui disparaissent en cours de route, d'autres reviennent la deuxième nuit, deux Australiens d'un orchestre rock passent neuf ou dix heures avec nous, et Émile s'amène avec des provisions – je pense qu'on a dû l'appeler. Francesca arrête pas d'aller et venir, elle cherche à me récupérer, elle propose même de m'emmener faire des courses au Bergdorf avec la carte de crédit de son papa mais Everett et moi on tient bon, assis par terre au beau milieu de la pièce, répétant, j'arrive pas à croire que quelqu'un d'autre puisse éprouver ces sentiments-là – putain, je croyais être seul(e) au monde à éprouver des sentiments pareils – et il me parle de Rebecca et je lui parle de Dean pendant que je fais des trous de cigarettes dans le tissu qui recouvre les chaises Louis-Cathouse. On n'arrive pas à jacter assez vite pour libérer toutes les pensées géniales qui se bousculent dans nos têtes. Les grands esprits se rencontrent, pas vrai ? Alors je finis par demander à Everett s'il connaît les trois grands mensonges, je lui dis les deux premiers qu'il écoute en hochant du chef comme un gourou, avec la calme intensité que seuls les déments bon teint peuvent feindre. Et je lui dis, bon quel est le troisième ?

C'est facile, qu'il fait, le troisième mensonge c'est, je t'aime.

Et je pense, putain ! Mais c'est ça, évidemment !

Et il faut qu'on commande des clopes et de l'alcool par téléphone dans un « deli » de Lexington Avenue parce que le room service ne nous sert plus et j'essaie d'appeler mon père mais je ne l'obtiens jamais et je me rappelle vaguement que la direction nous a dit un mot d'un départ éventuel mais qu'on les a engueulés et après ça, je sais plus, j'ai dû faire une crise d'hystérie, j'ai peut-être bien essayé de sauter par la fenêtre parce que, sur le moment, ça semblait la chose à faire.

En tout cas, quelque part dans les profondeurs de mon délirium pas très mince j'ai dû avoir un éclair de lucidité qui m'a fait comprendre que j'étais salement dans la merde et je me suis rappelé ce truc dans mon larfeuille, et à un moment où Everett devait être en train d'évacuer une certaine quantité de toxines je fouille mon sac puis mon portefeuille et je finis par dégotter cette carte, derrière tous ces morceaux de nappe avec les noms et les numéros de tous les garçons que je n'appelle jamais, et je rampe jusqu'au téléphone et j'appelle, j'appelle ce numéro S.O.S. 55 55…

Je crois qu'après j'ai parlé à mon père, j'en suis pas sûre, mais en tout cas, un médecin est venu dans la suite du Stanhope, je me rappelle pas vraiment…

Et me voilà dans cette clinique du Minnesota sous sédatifs et je rêve les rêves blancs de la neige tombant sans fin sur les pays du Nord, faisant disparaître le paysage, je rêve à de longs rails blancs disparaissant à l'horizon comme autant de voies de chemin de fer vers les étoiles. Comme quand je faisais du cheval et que j'étais anorexique et que je me laissais mourir de faim mais ne cessais jamais de rêver uniquement de nourriture. Il y a des chevaux tout au bout de la prairie devant ma fenêtre. Je les observe à travers les barreaux.

Vers la fin de l'interminable soirée qui m'a menée jusqu'ici, je racontais au lycéen l'histoire de Dangerous Dan. J'avais huit chevaux, à un moment donné, mais Dangerous Dan était le meilleur. Je voyageais à travers le pays de concours en concours et la première fois que je vis Dan, je sus qu'il n'était semblable à nul autre cheval. Il était comme un être humain – si malin et si méchant qu'il était capable de bonds de six mètres rien que pour éviter le fouet de son entraîneur mais d'accrocher ensuite sur le saut le plus facile, simplement par rancœur. Sa conformation était parfaite, il était comme une statue de cheval rêvée par Michel-Ange. Mon père me l'acheta et il coûtait une véritable fortune. À cette époque mon père achetait ce que je voulais, j'étais sa petite chérie.

Je l'aimais d'amour, ce cheval. Personne ne pouvait l'approcher, il essayait de tuer ceux qui s'y risquaient, mais moi je dormais dans sa stalle et je passais des heures avec lui tous les jours. Quand il est mort empoisonné, ça m'a donné un choc très violent. On m'a gardée sous tranquillisants pendant une semaine. L'assurance paya l'intégralité de la prime, mais je cessai de monter. Il y eut une enquête qui ne donna rien. Quelques mois plus tard, papa entra dans ma chambre une nuit. J'ai tout de suite pensé, oh non ! y va pas remettre ça ! Il a enfoui son visage dans mon épaule. Sa joue était humide et il sentait l'alcool. Pardon pour Dangerous Dan, qu'il a dit. Dis-moi que tu me pardonnes. Il marmonna quelque chose sur les affaires puis s'évanouit sur moi et je dus aller chercher maman pour le récupérer.

Au bout d'une semaine en couveuse on m'autorise à me servir du téléphone. J'appelle papa. Comment te sens-tu ? qu'il dit.

Je ne sais pas pourquoi, c'est probablement des foutaises, mais ça fait une semaine que je suis coincée ici en compagnie d'une bande du genre psy. Alors, rien que pour voir, je lance : Papa, des fois je me dis que ça t'aurait coûté moins cher de me laisser ce cheval.

Il fait, je ne sais pas de quoi tu parles.

Je fais, Dangerous Dan. Tu te rappelles ce que tu m'as dit cette nuit-là. Après sa mort ?

Il fait, je ne me rappelle rien du tout.

Alors, d'accord, peut-être que j'ai rêvé. J'étais au lit, hein, et il me réveillait. C'était pas la première fois. Mais pour le moment, avec tous les tranquillisants que j'avale, j'ai l'impression d'être somnambule de toute manière et je peux presque croire que ce n'est jamais arrivé. Peut-être que j'ai rêvé des tas de trucs. Des trucs que j'ai cru voir se produire dans ma vie. Des trucs que j'ai cru faire. Des trucs qu'on m'a faits. Ce serait pas génial ? J'adore me dire que quatre-vingt-dix pour cent de tout ça n'est qu'un rêve.

RÉALISATION : IGS-CHARENTE-PHOTOGRAVURE À L'ISLE-D'ESPAGNAC

CPI BUSSIÈRE

Cet ouvrage a été imprimé en France par
CPI Bussière
à Saint-Amand-Montrond (Cher)
en septembre 2010.
N° d'édition : 103172. - N° d'impression : 101258.
Dépôt légal : octobre 2010.